DAS MAODEKING

AF145118

edition g.
1xx Theorie
2xx Poesie
3xx Historie
4xx Therapie

Stefan Blankertz | 1956 | »Wortmetz« | in der »edition g.«
Lyrik *perfekt verdichtet* | *Ambrosius* | mit Marie T. Martin
Goodman-Nachdichtungen *kleine gebete* | Romane *Du sollst
nicht töten, Das Miriamslied, Schule der Gedankenleser.*

Stefan Blankertz

Das Maodeking

GEBET FÜR EUTIMIO GUERRA

edition g.
308

ORIGINALAUSGABE
308 edition g.
Herstellung und Verlag: BoD – Books on Demand
© 2014 by Stefan Blankertz
Wollankstraße 133, 13187 Berlin
Alle Rechte vorbehalten

ISBN 978-3-7322-9602-6

¡

!

achtung:
buch wut mit wut im bauch getrieben

auschwitz 2011 zen retreat : ich? weiß alles über ausch≠witz
was soll das noch drüber raus bringen innerlich distanziert
dann stehe ich vor der fotowand mit bildern aus dem noch
s che inbar idyllis che n alltag der später ermaordeten auch
schon alles mal so oder so ähnlich gesehen was soll's kann
mir nichts dann schauert mich ein junger mann durch eine
runde randlose brille an, zigarette lässig im mundwinkel ein
cooles grinsen, existenzialistisch, dadaistisch oder was auch
immer blick was kostet die welt si che rlich hatte er andere
pläne als in auschwitz von irren rationalvolksdemokraten
umgebracht zu unwürden ich breche in tränen aus sucht mit
den augen die bilder ab um eine nette verlobte für ihn zu
finden verspreche ihn mitzunehmen und ihm meine stimme
meine worte meine finger meine texte zu leihen wenn er sie
braucht was ist daraus geworden er hat sich nie gemeldet
oder viel?leicht dies hier. Es sei ihm gewidmet

卐

| durch ¿keine? suchtmaschine von den denunzianten der welt auffindbar |

eine Swastika zu verwenden, ist in dt auch in kritischer oder
sogar nur sa-taorischer absicht strafrechtlich problematisch,
es gibt sie auch nicht als zeichen auf compis (jedenfalls habe
ich sie nicht gefunden: inzwischen doch ¿natürlich! als ein
chinesisches Schriftzeichen: 卐 *wàn*, 2 auffliegende Störche,
für 10 000, Unendlichkeit, Überfluss und langes Leben; das
wäre ja was, wenn das dt StGB den Chinesen ihre Schrift-
zeichen regulieren vermöchte) & verz'nichte darauf, trotz-
dem hier der protest gegen *jede* zensur, in JENES namen   sb

EINVERSTÄNDNISERKLÄRUNG

Lesen auf eigene Gefahr. Die Bundesgesundheitsnanny er=
sieklärt: durch Lesen gefährden Sie Ihre Linksschreibung &
die von Menschen Ihrer nächsten und fernsten Umgebung.

- ■ Ich werde ein Zitao nicht als »Plagimao« bezeichnen.
- ■ Ich werde keine »Quallenangaben« verlangen.
- ■ Ich werde keine Wörtlichkeit, sondern Sinnlichkeit
  erwarten.
- ■ Ich werde mich durch Empörendes über religmöse,
  politische oder weltanschauliche Doktränen nicht
  beleidigt, sondern transpiriert fühlen.
- ■ Ich werde den Autao nicht haftbar ma'che'n für meine
  (seine?) Be=Empfindlichkeiten.

Die Warnung der Gesundheitsnanny habe ich zur Kenntnis
genommen, verstanden und entbinde den Toren hiermit von
jedweden Regressansprü che n für Schäden, welche mir im
Zusammenhang mit dem Lesen oder mit anderen, ggf. auch
zweckentfremdeten Nutzungen des vorliegenden Buches —
oder seines Inhalts — ent & unverstanden.

....

Unterschrift

Bei fehlendem Einverständnis
: 不 weiterlesen > > >

Luther übersetzt *Genesis* »Am Anfang«, *Johannes* »Im An-
fang«, wobei das »im« ein Widerspruch in sich selber dar-
stellt, denn etwas, das »im« ist, ist umgeben von etwas,
nämlich Raum oder Zeit. Sowohl *Buber-Rosenzweig* als auch
die *Einheitsübersetzung* haben *Genesis* widersinnig »im«.
Ganz abgesehen von den wundervollen drei »α« (alpha) in
der Wendung »am Anfang«.

— * —

am anfang schuft G☼tt himmel und erden
Und die erde war wuest und leer

— * —

Im anfang war der mord
und der Mord war bey Gott
und Gott war der Mord
derselbige war im anfang bey Gott
Alle ding sind durch denselbi gegen: macht
und on denselbigen 不 ge: macht
was ge: macht ist
Jnn jm war das leben
und das leben war das liecht der mens che? n
und das liecht s che? inet jnn der finsternis
und die finsternis 不 begriffen.

IN ABREDE GESTELLT

dieses ?buch will nicht gelesen   ?ist *es* eins
sondern geschrie!n herausgeschrie!n Würde

— * —

Bürde wie es hirnausgeschrie!ben
zeile für zeile
taote für taote
taoter für taoter
name für name   [Eutimio Guerra als *einer* für *alle*
kind für kind
sohn für sohn
taochter für taochter
mutter für mutter
vater für vater
mensch für mensch
Qual für Qual
k1 *es* k1 *sie* k1 *er* gehe
verloren
im gericht gottes   [!
welches andere maocht hoffnung
mir?   ?dir

— * —

Aber so lasset uns tanzen,
tanzen auf ihren ... Gräbern
damit Angka,   (die Organisataon,
die Maoschineschrie des Taodes)
< < < nicht doch noch das letzte Wort [wenn's schon am anfang: < < <
krieg   & im   ]

t
††
†††
††††

nach auschwitz ein gedicht zu schreiben
ist barbarisch theodor w adorno ein gedicht
kann bloß allseitige unterwerfung sein
yang lian nach auschwitz ein gedicht zu
schreiben ist barbarisch theodor w adorno
ein gedicht kann bloß allseitige unter-
werfung sein yang lian nach auschwitz ein
gedicht zu schreiben ist barbarisch theo-
dor w adorno ein gedicht kann bloß all-
seitige unterwerfung sein yang lian nach
auschwitz ein gedicht zu schreiben ist
barbarisch ein gedicht kann nur allseitige
unterwerfung sein yang lian nach auschwitz
ein gedicht zu schreiben ist barbarisch
theodor w adorno ein gedicht kann bloß
allseitige unterwerfung sein yang lian
nach auschwitz ein gedicht zu schreiben
ist garbarisch theodor w adorno ein gedicht
kann bloß allseitige unterwerfung sein
yang lian nach auschwitz ein gedicht zu
schreiben ist garbarisch theodor w adorno
ein gedicht kann blß allseitige unter-
werfung sein yang lian nach auschwitz ein

newly revised, In Abrede gestellt
ist das noch lyrik ? es sei
gesang nach ausschwitzen

> > > der-dir-das > > > Fell-[毛, *máo*]-über-die-ohren-zieht

ANGST

01

mitternacht und kann nicht schlafen
5 aufgeschreckt zupf ich meine zitter   > > > zither
mondlicht reflektiert in meinem vorhang   (*Qin*
am ärmel zupft die brise   (titel des größenwahnsinnigen
einsam beantworten schwäne die wildnis   (und
nördlich der wälder schrecken vögel   (paranoiden
10 den hof queerend sehe ich   (kaisers
wo wunde angst deponiert wurde   (s. u.
nach RUAN JI, *Zustandsbeschreibung 1*

       +

15 winzig winzig kleine welt
auf der manche fliege gegen wände kracht
summend summen sie
manche schrill im ton   M.P.
manche im ton klagend
20 aus Mücken macht das reich uns elefanten
deren große schwänze mit hunden wedeln wollen
die verbli che ne stadt bedecken blätter aus westwind
viel zu tun
immer schon eilig
25 bei drehender erde
drängt die zeit
zehntausend jahre sind zu lang
carpe diem jede sekunde   [*pflücke den Tag* | Horaz
vier meere wogen wolken und wind zürnen
30 fünf kontinente erbeben wind und donner toben
bis wir die schädlichen insekten gemaotet haben werden
sei nicht sieggeil
nach < < < MAO TSE-TUNG, 9. Januar 1963

不尚賢，使民不爭；
不貴難得之貨，
使民不為盜；
不見可欲，
使心不亂。
是以聖人之治，
虛其心，實其腹，
弱其志，強其骨。
常使民無知無欲。
使夫知者不敢為也。
為無為，則無不治。

BLEICHHEIT

Ein Kummertao zum »Tao Te King« | »Daodejing« #3

(»#« steht für Abschnitte im *mao ist king?kong.*)

5

03a

waten durch matsch und moor
durch morastigen fluss
erklimmen den gipfel über glitschiges moos

10 kälte und hunger
oder hunger und hitze
frauenlos unter zehntausenden
zerlumpt und krank
müde aber unermüdlich

15 alle scheinen gleich
bis auf einen der gleicher ißt als bleich
der fürst der finsterniß der herr
Mao Tse-tung   läßt *sich*
in einer Sänfte tragen auf dem Langen Marsch   > > >

20 1934   *sich* im ?hintergrund
»auf diese Weise zum Lichte zu führen«   haltend,
sich, nicht sie, nicht »China«:   s. 03b
mein Symbol für Gleichheit
für ihren Schrecken

25 — läßt hundert Blumen blühen
und wenn sie blühen
schneidet ihnen den Kopf ab
: Maochiavelli untertrieb
als er dem Machthaber riet

30 dass er den Staat reich
und den bürger arm Macht
... *am* arm (Polizeistaat)   amannfang
im arm (Nannystate) —   imannfang

四

Nicht hochzustelln die Waisen,   1.
maocht das Volk nicht hadern.

Übersetzungsvarianten:

5 Die Fähigen auszeichnen,   2.
das heißt: im Volke Streber zu erziehen.
Nur die Bes en zu loben, ist nicht gerecht.   3.
Ehrt man die Tüchtgen nicht, veranlaßt man die Leute,   4.
nicht zu konkurrieren.

10 Die nächste Kuns† beherrsch auf diese Weiße: 5.
Behandelt alle gleich —
dann herrsch† Friede im Bleich   *siehe* s 19 z1
: schwarze* Einheitskluft Roter Khmer,   rougeauflegen
die jede indivi Dualität beseitigt

15 aber lasst bloß hungerblumen blühen
(*schwarz war *unsere* Farbe, verdammt!)
In dem gleichen Maoße, wie
sie in Prunk und Sexus schwelgt,   [*sie*, die Hure, Babylon
s'che'nkt ihr Qual & Trauer ein.

20 Offenanbahnung = Apokalypse 18,7
als die revolution
alle bauern erschoss
die einen kleinen bißchen mehr bes|aßen
wie die anderen

25 die streber   lax
die fähigen   lux
die tüchtigen   sex
die bes[t]en   ~us
die Kulaken   *juden*

30 die Kakerlaken < < < Kraken < Hyänen < Heu erschrecken
»Schlagt den Kulaken nieder, wo immer er den Kopf erhebt.
Es *sei* Krieg —«
maohnt Mendel Chatajewitsch

wer leistete *da* gegengewehr?   *was*
wer widersprach   nun
der weisung des weisen führers und vaters   wa[≠h]r
dass es in jeder mordschaft   mit
5 eine qu†ote von erlaakkken gäbe   der
zum abschuss freigegeben   beruhmten
wer hirngegen erklärte   solidaritat
als dann hunger statt stalin herrschte überland   der
es sei nicht *unsere* angelegenheit   dörf
10 wenn der staat kein brot habe   gemein&schuft?
und geduldig anstand   gleichheit
in der schlange die keinen apfel bot   *totet*
sondern saures gab
?wer vermagen
15 den zusammenhang erkennen zwis|che|n
mißgunstpredigt
egalitats~
hass contra den einzigen & sein eigentum
hass contra spekulanten
20 und krise *immer & überall*

Ⅱ.

Und weiter:
Nicht hoch zu schätzen Güter schweren Erwerbs,   1.
25 maocht das Volk, Diebstahl nicht zu verüben.
Steht Besitz zu hoch im Kurs,   2.
beginnen die Menschen zu stehlen.

— —

Kommentatar: Lasst uns sorgen, also,
30 dass *es* die Reichen so arm maocht
wie die Armen
damit die Armen wenn *sie* hungern
zumindest! nicht! an! Neid! leiden!

(*sie*, die Undankbaren, allerdings kapern Boote,
um Fuß aufs Land d'Ort zu kriegen,
wo ein Mindestma[≠o]ß an
wirtschaftlicher Freiheit
5   oder wenigstens ökonomischer Instrumentellvernunft
noch Reste von Wohlstand duldet;
d'Ort jedoch ≠weise mao sie rüde ab,
denn auch d'Ort wird es langsam
aber si che r — das allein ist si che r noch —
10   knapp)

sex

Und weiter:
Nicht anzusehn [~en] begehr:licht Es,   1.
15   maocht das Herz nicht rast los.
Nicht Locken anzusehn [~en],   2.
maocht den erzSchmerz nicht irre.   kɪ schHerz
                     — ☯ —
Kommentar: Zensur läßt grüßen.   in nordkorea
20   Das Gute ist so wenig gut   leidet
und noch weniger attraktiv   frau & mann?
dass die Mens'che'n sofort   ?nicht
und un?vergnüglich [7+14=? 26]   weil un?bekannt dasses
zur Sünde übergehen   anderswo
25   sobald sie *sie* bloß [=nackt] sehen   genug zu essengäbe

七

Und weiter:
Daher sei des klugen Maochthabers Vorgehen: 1.
30   Er leere sein Herz & erfülle seinen Bauch,
zügle seine Ungeduld & stärke die Arme+e.
Immer maocht er, dass das Volk nichts begreift,
nichts begehrt

16

& maoacht, dass die, die dennoch was begriffen haben,
nichts zu unteroderübernehmen wagen.
(Aus #65: Aufgeklärtes Volk weiß alles besser;
jedoch zu seinem Fluche.
5 Verflu'che' Luther [1525]: »Als wüs[ ]ten wyr nicht,
das[s] die vernunfft des teuffels hure« sey ···
Ein Aufschrei der Kontexterroristen   t=s
mann & frau solle = müsse gefälligst
beachten, wie das *eigentlich* gemein?t sei,   [Jargon
10 den wahren sinn siekennen:
den wirkli+che+n Sinn | aber, erkennt!,
den kriegen die herrschenden
und die zur herrmaocht strebenden
hirn — hirnrichtung.)   *richtung* Wüsten
15 Stets läßt er das Volk ge Wissen los.
So die me Tode der Meisterhenker: [*les maîtres penseurs*
Sie leeren die Herzen & füllen die Mägen, sie   2.
schwächen den Ehrgeiz & stalin die Kno che n.   [Kneipp|e
Immer halten sie die Leute frei von geistiger
20 Entartung —
      — — —
— das wort war mal tabu
als ich es in einer rousseau-spekulation
verwendete
25 1986
aus einem buch von 1959 zit?hierend   ?h *oder* t
bis die herausgeberin
es schließlich akzeptierte
mit »distanzierungszeichen« und Quellenangebe
30 versehen
jjrousseau trieb es
in französisch
und *vor* 1933 —

17

Er schwäche Wollen und stärke Kräfte   3.
und mao che, daß das *volk* ohne Wissen   (*volk* unbetont
und ohne Wunsch und Begierde bleibe.

5   — ☯ —

Kommentar: Brot — rot — tot — und & Spiele,
fehlt nur noch »teile und herrsche«.   [*wieder* Machtavelli

10   *Und weiter:*
     Maocht ohne Zutun,   Gut?beraten seien Maon & Sie
     dann bleibt nichts unge Macht.   u. a. *Maonsterminds*

                           — ☯ —

     Kommentar: Danke, Arschloch,
15   den Beherrschten Geduld aufer≠leben
     den Herrs che nden alles erlauben,
     das maocht Wirklichkeit *aus*   (weder *an* noch *auf*

2

20   Aus #2: Er erzeugt und besitzt nicht.
     umgekehrt beim sex?   *s. u.* (ganz unten)

     Geschäftstüchtigkeit ist dem Gemeinwesen abträglich.
25   Verz'nichtet -auf- den Gewinn!,
     und Diebe & Räuber wird es nicht geben,
     frohe Botschaft im Tarot e king #57 respektive #19,
     meinetwesen auch: »Daodejing«,
     ob≠unwohl dann der König verleugnet wird.

30   — * —

     Das dumme Gerede vom Nullsummenspiel
     : Reicher Mann und armer Mann
     standen da und sahn sich an.   standen*nochnicht*an

Und der Arme sagte bleich,
»Wär' ich nicht arm, wärst du nicht reich«,
laut BERTOLT BRECHT, 1934.
Und wenn es wärmen müsste?:
5 »Wärst du nicht reich,   *ißt* kuchen
so wäre ich noch ärmer.«   be*ißt* ins gras
Wie uns bes&che&ren mit hungerroten Leidenbergen
Genosse Joseph Stalin
Genosse Mao Tze-tung, meinet?halben Mao Zedong
10 Bruder #1
Genosse Mengistu 88 Mariam
Genosse Stalin orgelt: ?ver-
»Wenn auch bloß 五 Prozent der Getöteten   (hungerten
wirkliche Feinde sind, ist das Ziel erreicht.«
15 Was für ein Menschenfreund
im Vergleich zu Adolf Hitler!

— * —

gleichheit *eßt*   wer vom staat
geschmacklos ißt nährstofflos ißt unnahrhaft   ißt
20 macht nicht satt   kommt daran um
sondern maocht arm   nährt GUSTAV LANDAUER

39a

Aus #39: Außer dem Ganzen anzugehören,
25 soll sich keiner etwas wüns'che'n …
… niemals und nirgends darf ein Kommunchrist die persön-
lichen Interessen an die 1. Stelle setzen; er muß sie den Inter-
essen der *Nation* sowie der Volksmaosen untermorden. Des-
ganz sind Gelbsucht, Passivität, Lässigkeit, Bestechlichkeit,
30 Stuhlgang usw. auf das höchste verächtlich; dagegen sind
Eigenlosigkeit, Eifer und Aktivitao, Selbstaufopferung fürs
> Gemeinwohl sowie zähe, harte Arbeit achtunggebietend,
verkündigt MAO ZEDONG, Oktober 1938.   > *wohl*gemein

57d

Aus #57: *achte* auf das Nichtbegehren,
Und die Mens=che+n sind alsbald naturgefraß 1fach.

— ☯ —

5 Kommentar: *achte*. Nicht sachte.
Alles andere sei (oder sagt) uns Pol Pot.   Bruder #1

57b

Aus #57: Mit zuviel Wohlstand würde   ≠Unwürde
10 auch nicht jeder fertig.

— ☯ —

Kommentar man: Che, die von der Farm der Tiere kommen,
seien eben gleicherr als glei Che.

15   **15**

diese maontaogen sind unhistoarisch **s**o hystierisch wie das
entsetzen zu sein hat **d**iese maontaogen verz=nichten auf
rechtfertigungen sol che r kunst ein historischer umstand
würde die mörder entschuldigen **r**echtfertigungen sol che r
20 art sind unwürdig **d**iese maontaogen erlauben es sich zitate
aus dem zusammenhang zu reißen um sie den rechtfertigern
oder schwindlern oder vertaos che rn zu entreißen **u**m die
fratze des heiligen und weltbebauli che n mordens sichtbar
zu mao che n **n**ie wieder sollt ihr sagen dürfen ihr hättet es
25 nicht besser wissen können **d**ies sei *uns* nie wieder entlaubt

                  16

zum terrot eines größeren zusammenklanges: »... bornierte
Intelligenzija, die nicht in der Lage ist, das Problem des
30 Terrors in einem größeren Zusammenhang zu betrachten«,
versündigt LENIN 1918,
in Verteidigung des †s-che-ka-Geheimdienstes.

— ★ —

» **1** Jedermann sei untertan der ⟨⟩, die Gewalt über
ihn hat. Denn es ist keine ⟨⟩ ohne von Gott; wo aber
⟨⟩ ist, die ist von Gott verordnet. **2** Wer sich nun der
⟨⟩ widersetzt, der widerstrebt Gottes Ordnung; die
aber widerstreben, werden über sich ein Urteil empfangen.
3 Denn die ⟨⟩ sind nicht den guten Werken, sondern
den bösen zu fürchten. Willst du dich aber nicht fürchten vor
der ⟨⟩, so tue Gutes, so wirst du Lob von ihr haben«,
frohe Unbotmäßigkeit von Paulus, *Rœmer-Brief* 13.

5

10

50

... der Hass als Faktör des Kampfes, der unbeugsame Hass
dem Feind gegenüber, der den Mens che n über seine natür-
lichen Grenzen hinaus antreibt, und ihn in eine wirks arme,
gewaltsame, selektive & kalte Totungsmaschine verwandelt.
Unsere Söldner müssen so sein«,
laut Che Guevara [leise konnte er ohne schalldämpfer nicht
zu sagen, er habe Winnetou abgelöst
mag ikpornografisch hirnhauen   ≠herz
beleidigt aber die hohe moral
einer jeden rothaut

— ★ —

blumen
blumen sogar maochen sie, dass sie   falsch zeugnis ablegen
blumen   *Vor einem Bild des alten, betrauerten*
blumen niedergestreckt auf Stalins grab   *Genossen Stalin*
blumen   *habe ich geschworen,*
blumen gespendet   *nicht eher zu ruhen,*
blumen von ...   *bis wir diese kapitalistischen* Kra[n?]ken
... von   *vernichtet haben.*
che guevara   blumte Che Guevara
1960   1953

†

21

1943
und dann ist da noch diese geschichte
stalins sohn aus erster ehe   geriet als 1facher soldat
in deutsche kriegsgefangenschuft
5   aber
einem austausch des gefangenen
stimmte der-vater nicht zu   > > > LIEBE > > >
niemand sei gleicher als gleich < < < GLEICHHEIT < < <
oder
10   ?doch
denn es handelte sich um 1 Generalfeld   arschschall
und den gibt auch der-vater
nicht für einen 1fachen soldaten her   und sei der:
überhaupt   der eigne sohn
15   runterhaupt
sich gefangen nehmen
lassen
ist desertieren
und da er 1943 im KZ Sachsenhausen umkam   ¿Suizid
20   also sich nicht mehr zur rechenschaft ziehen ließ   verräter
ließ väter che n   > > > DEM VOLK DIENEN > > >
die schwiegertochter inhaftieren
und die enkelin
kam ins heim   > > > NÄCHSTENLIEBE > > >
25   denn sie waren *nun* politisch
unzuverlässig
lässig
war wohl ohnehirn damals
niemand in der Sowjetunion
30   der neuen Mens che n
oder wahr es altes Weinen
in neuen Schläu che n
1943

LIEBE

18

»Die Liebe zu Mutter und Vater
gleicht nicht der Liebe zu Mose Tse-tung.«
Parole der Rotgardisten,
chinesis che Kulturreaktion 1966-1968.

53

So jemand zu mir kommt und haßt nicht
seinen Vater,
Mutter,
Weib,
Kinder,
Brüder,
Schwestern,
auch dazu sein eigen Leben,
der kann nicht mein Jünger sein.
Jesus, laut LUKAS 14,26.

ich hasse
du hast
er haßt
sie haßt
es haßt
wir hassen
ihr habt
sie hassen
der Haß

— ★ —

»Ich kannte meinen Vetter gut,
wir hatten ehrliche Familienbande geknüpft,
aber ich *musste* ihn trotzdem eliminieren.
Ich *wusste*,
dass er ein guter Mensch war,
aber ich *musste* so tun,
als ob ich sein
mit Gewalt aus ihm gepresstes
Geständnis glaube«,
leise KAING GUEK EAV alias 'Duch',
Lagerleiter unter Pol Pot.
Woran denkst? *du*
erinnerst

ein echter
bols che wik
sollte und kann
keine Familie
haben
... sondern
sich ganz der
?kirche
widmen
josef Stalin
>>> s. a. s51 z25ff
[an Wenn

23

?Sind diese Vermeidlichungen wirk-licht besser⸮: **1.** »Wenn
einer mit mir gehen will, so muss ich für ihn wichtiger sein
als seine Eltern, seine Frau, seine Kinder, seine Geschwister,
ja wichtiger als das eigene Leben. Sonst kann er nicht mein
Jünger sein.«

2. »Will jemand zu mir kommen, muss er alles andere zu-
rückstellen – Vater & Mutter, Frau & Kinder, Schwestern &
Brüder, ja sogar sein eigenes Leben; sonst kann er nicht mein
Jünger sein.«

3. »Wer sich mir anschließen will, der muss bereit sein, mit
Vater und Mutter zu bre che n, ebenso mit Frau und Kindern,
mit Brüdern und Schwestern; er muss bereit sein, sogar das
eigene Leben aufzugeben. [Um!?]sonst kann er nicht mein
Jünger sein.«

4. »Wenn jemand zu mir kommt und nicht Vater & Mutter,
Frau & Kinder, Brüder & Schwestern, ja sogar sein Leben
gering maochtet, dann kann er nicht ernst Jünger sein.«

— * —

ideo *log* ≠ nie stehe stets höher als Liebe.
Un2deutig.
2Deutigkeiten hassen wir.
Alles, was wir nicht begreifen,
sei vertilgt vom Antschlitz dieser Erde …
wo der Besen nicht hirnlangt,
wird der Staub von selber nicht verschwinden,
putzt Mao, am 13. August 1945 …
das ewige mao des nichttun
es sei gepriesen
tanzt, ja tanzt bloß um das goldne kalb
das *Tao des himmlis che n Friedens*   [= Tian'anmen
wird sich als Schlitz der Hölle
auftun anstatt nichttun

schätzungs≠weise wurden in der Kulturrevolutao
1966-1976
5 Milliarden Exemplare   ооо ооо ооо
des »*Kleinen Toten Buchs*«,
auch »*Mao-Bibel*« genannt,
mit ziTaten des Vorsitzenden Tao Möse-†ung
in rund 50 Sprachen gespuckt,   [geducktunterdrückt
mehr als 1½ für jeden damaligen Erdbewohner
mehr sprachen
mehr ex
als die *jesus-bibel*,
als der *koran*,
als *mein krampf* (Adolf 88 deklassiert, degradiert)

Da nu Maose sahe / das das volck frey war (denn Aaron hatte sie
frey gemaocht / vnd damit er sie wolte hoch heben / hat er sie jnn
schande gebracht) trat er jnn das thor des lagers / vnd sprach /
Her / zu mir wer den HERRN angehœrt. Da samelten sich zu jm
alle kinder Leui / vnd er sprach zu jnen / So spricht der HERR
der Gott Jsrael / binde ein jglicher sein schwert auff seine lenden /
vnd durch gehet hin vnd widder / von einem thor zum andern im
lager / vnd erwuerge ein jglicher seinen bruder / freund / vnd
neheften. Die kinder Leui thetten / wie jn Maose gesagt hatte / Vnd
fiel des tages vom volck / drey tausend man / Da sprach Mao Se
/ fuellet heute ewer hende dem HERRN / ein jglicher an seinem son
und bruder / das heute vber euch der segen gegeben werde.

— ✡ —

(frey)   [Luther, Randglosse zu *Mose* 2: 32,25
Also thun menschen lere / wœllens besser maochen denn Gottes-
wort / den seelen helffen vnd grosse wunder fur Gott anrichten /
Vnd maochen doch eitel schande vnd iamer. Mercke hie / wie

Aaron ſelt vnd feiler der hœheſt prieſter / vnd das heubt im volck
Gottes / das wir auch nicht vnſers ſtands zu ſicher ſeien vnd er-
heben. [später statt »frei« *zuchtlos, verwildert*

— ✡ —

5   und *dies* ist der gründungsmythos der religion deren fünftes
bzw. sechstes von »zehn getöten« lautet *du sollst nicht boten*
können wir das anders empfinden als friedrich nietzsche der
— resigniert? — feststellt dass um moral zu machen mann
den unbedingten willen zum hinterteil haben müsse

10

23

... der Liberalismus hat verschiedene Erscheinungsformen:
Wenn man genau weiß, daß jemand im Unrecht ist, und sich
doch mit ihm nicht prinzipiell auseinandersetzt, sondern
15   um des lieben Friedens und der Freundschaft willen darüber
hinwegsieht, weil es sich um einen Bekannten, einen Lands-
mann, einen Schulkameraden, einen intimen Freund, einen,
den man lieb hat, einen alten Arbeitskollegen oder einen
alten Unter!gebenen handelt, oder wenn man, um das gute
20   Einvernehmen mit ihm zu bewahren, die Frage nur flüchtig
streift, ohne 'ne gründliche Löschung anzustreben — aus all
dem ergibt sich dann eine Schabe sowohl für das Kollektiv
wie für den Einzelnen —, so ist das eine der Erscheinungs-
formen des Liberalismus,
25   poltert MOSE T-TUNG am Diensttao, den 7. September 1937.

— ☾ ★ ☽ —

Kämpft gegen jene, die, obzumwohl sie *Das Kapital* gelesen
haben könnten, nicht an Mao und nicht an die Revolution
glauben und nicht verbieten, was Marx und Lenin verboten
30   wissen wollten, und nicht die Wahrheiten des Marxismus-
Leninismus anerkennen, bis sie von dem, was ihre Hand be-
sitzt, Tribut entrichten als Erniedrigte,
nach KORAN, Sure 9,29.

»Er, der HERR, dein Gott,
wird diese Leute ausrotten vor dir,
einzeln na che inander ...«
5 laut MAO-SE 5: 7,22:
wie *überaus* tröstlich

Aus #25: Denn Mao ist groß,
10 der Himmel ist groß,
die Erde ist groß,
der king ist auch groß.
In der Welt gibt es vier Große,
und der *king* ist von ihnen einer.

15

Und tötet sie, wo immer ihr sie trefft,
und vertreibt sie, von wo sie euch vertrieben haben.
Denn Verführen ist schlimmer als Töten,
20 laut KORAN, Sure 2,191.

— ☾ * ☽ —

Nichts fürchtet ihr
Herren der Welt
so sehr wie die spritzen Federn   »die ver: Führer«
25 wie wenige unsere Zeichen   mit waißer tinte
auch lesen
aber eure Herrschaft ist *so* frag'ill
dass die *geringste* Form der Kritik   !kunst*wirke*
mit *geringster* Armweite
30 euch in Panik versetzt
Panik, die euch zu Bers-kerkern
werden lässt
Gott hat euch schon verlassen

(motörhead: »god was never on *your* side« [& on *our* side)
aber ihr merkt es nicht
— ☾ ∗ ☽ —
Und wenn ihr die Ungläubigen *trefft*,
5   dann herrunter mit dem Haupt,
bis ihr ein Gemetzel unter ihnen angerichtet habt.
Die übrigen legt in Ketten.
laut KORAN, Sure 47,4.
... auch hier jede Mängel
10 besch[un?wichtig]ender Übersetzungsvarianten
trefft in der Schlacht   1.
trefft auf einem Feldzug   2.
trefft im Krieg   3.
trefft ihre Nacken
15 haut ihnen mit dem Schwert auf den Nacken
schlagt ihnen auf den Nacken
überwältigt
niedergekämpft   un!wohlgelesen *vollständig*
außer Gefecht gesetzt
20 & selbstredend ohne jedes Gemetzel
(und dann fessele man die Getroffenen   =?Überlebenden
und nicht die übrig Gebliebenen)
— ☾ ∗ ☽ —
Herrunter mit dem Haupt
25 die Übrigen legt in Ketten
oder hungert sie aus
bis ihr euch einigt
was die effek†tiefe me Tode sei
die indirekte oder direkte
30 wendet ihr sie Liebe beide an
parallel und
alternierend
nie negierend

wer immer religionen in schmutz nimmt und behauptet alle
religionen wollten im grunde *nur* das glei che und zwar das
Gute der sollte sich fragen lassen warum überall die gewalt
5 herrscht und die religionen derart wenig ausrichten und die
herrschenden und die die zu herrs che nden werden wollen
sich stets auf die religionen ihrer wahl beziehen um ihr tao
zu unrechtfertigen doch ergeht's den ataoisten nicht besser
zählen sie dähmlich schlimmste schlächter des zwanzigsten
10 jahr wunderts zu den ihren wie leicht sie die seite wechseln
als marxismus *out* war (*out of war, out of order,* floss keine
k]nette mehr weil wirtschaftlich abgeschmiert) entdeckten
sad?damn hußein & der maochtegern-staatsmann der es zu
nicht mehr als 'm terror che f brachte *yes, sir* ara?fat* den ist
15 lahm als geeignete waffe im kampf um's blut der schmerzen
*möge ein gnädiger Gott gegeben haben dass dieser mörder
selber das opfer eines vergiftungsanschlages wurde + nicht
wie andere maotaoten friedlich im bett starb

— * —

20 nicht die religion ist das problem nicht der unglauben ist
das problem vielmehr die herrs che nden sind das problem
die zur herrschaft sterbenden sind das problem aber wenn
du sie erschlägst merkst du — zu?spät — dass es
: menschen sind   (*s. a.* Adorno-Zitat s42 z9ff
25

Ich bin wohlauf und lechze nach Blut. Ganz wie ein richtiger
Soldat — ein Gewehr an meiner Seite und, etwas Neues, eine
Zigarre im Mund,
30 notierte sich CHE GUEVARA, unsterbliche Ikone
& »vollständigster Mensch unserer Zeit«
laut JEAN-PAUL SARTRE
!

1978
& dann ist da noch
die mich nicht loslässt
die ich nicht loslassen kann

5 von der linkswestgruppe
— zufällig? aus schweden —
die kurz vor dem ende der khmer rouge
das land bereist
alles *wunderbar* findet
10 eine mitgliedin
der gruppe
war ehefrau eines exilanten
der 1975 nach der revolution
zurückgekehrt war
15 und seitdem hatte sie nichts khmer
von ihm gehört
vielleicht lebte er in jenem augenblick noch
soweit zu leben war in S-21
aber niemand aus der gruppe
20 auch die mitgliedin nicht
wagte sich nach ihm zu erkundigen
und er starb
¿wen liebte sie?
sol che details rauben mir den schlaf
25 lassen mich verzweifeln am
mens¿che?n
dem doch das engagement
gelte
entgelte
30 magenweh
kopfweh stalins (zweite) frau beging
suizid 19
32

30

s. o. | s. u.

schw:arm~
≠intelligenz
~:anz

indie heimtao

für den herbst
hab ich stein
für dich bloß
papier und kotze
zheng danyi

verrat
sagte *er*

Dem Volk dienen

Dem Volk dienen

I

... Kindheit umspannt 2 Pole,
5 aus ihnen gibt es kein Entsinnen.
Sie heißen *Traum* und *Angst* —
— — —
— dies im anfang des wörtes
der geschichte eines jungen mann > > >   > > > es
10 jungen
nicht fiktiv
aber anachronisch
aber analog 'ist' isch
aber anakulturell
15 aber anaëthnisch
aber anapolitisch
also ahistorisch, akontextuell
unglaubwürdig   d=g erwürgen
nichtswürdig   d=g auswürgen
20 der kontext
der kon verhext & ¿recht? fertigt doch alle grausamkeit
die geschichte aller welt unserer väter
und großväter
und — dürfen wir hoffen? — nicht
25 unserer söhne
und taochter
ich will nicht mehr gerecht sein   ge=un
ich verweigere mich der machtsicht
gegenüber religionen
30 oder, meinet! ganzen auch: nichtre Legionen die
maorden
... ...
...   zurechtpflichterklären

aus der abteilung verrückt
aber wahr
was du heute kannst sublimieren
onaniere nicht mit maorgiën
+ wer&sie Es rafft
Ruan Ji nicht
fürverrücktzuerklären
rafft Es auch   > > > mit lächeln
?bei ?mit mir   über den großen fluß [ent?]setzen

— * —

« alles in einen topf werfen »
hätte ich früher gesagt, wie uni†intelligen, i pfui
aber seitdem
ich mit meiner frau
in auschwitz *gesessen* habe
unter der anleitung
des *zen* meisters bernie glassman
vermag ich zu vernehmen
die seelen*Q*ualen
denen es unerheblich ist ob die *Q*uälgeister
braun oder *weiß* oder *schwarz* oder
rot sind   wel che richtung auch immer
christen   wel che richtung auch immer
muslime   wel che richtung auch immer
juden   wel che richtung auch immer
deutschtümler   wel che richtung auch immer
atheisten   wel che richtung auch immer
hinduisten   wel che richtung auch immer
taoisten   wel che richtung auch immer
oder auch *buddhisten* ... oder ... odsie ...
es! höre! auf!

         !

EIN GEBET FÜR EUTIMIO GUERRA

31

Aus #31: *er* siegt, aber ungern.   *er* 聖人 shèng rén

Es gern tun, wäre: Sich daran erfreuen, Menschen zu töten.

Sich daran erfreuen, Menschen zu töten,   *s che rgen*

hieße, sein Ziel in der Welt nicht zu errei che n.   s. u.

32

»Ich meine jetzt die   evakuierung, die Ausrottung des

Volkes. Es gehört zu den Dingen, die man leicht

ausspricht. — ›Das   Volk wird ausgerottet‹, sagt ein

jeder Parteigenosse, ›ganz klar, steht in unserem Programm,

Ausschaltung der Kulaken, Ausrottung, mao che n wir.‹ Von

allen, die so reden, hat keiner! zugesehen, keiner! hat es

durchgestanden. Von Euch werden die meisten wissen, was

es heißt, wenn 100 Leichen beisammen liegen, wenn 500

daliegen oder wenn 1000 daliegen. Dies durchgehalten zu

haben, und dabei — abgesehen von Ausnahmen mensch-

licher Schwächen — anständig geblieben zu sein, das hat

uns hart gemacht. Dies ist ein niemals geschriebenes und

niemals zu schreibendes Ruhmesblatt unserer Geschichte.

Wir hatten das maoralische *Recht*, ja wir hatten die *Pflicht*

gegenüber unserer Klasse, alle Besitzer, die uns umbringen

wollten, umzubringen«,   Recht Pflicht

sagt HEINRICH HIMMLER in Posen, Mondtao 4. Oktober 1943

— * —

»1 Jedermann sei untertan der Obrigkeit, die Gewalt über

ihn hat. Denn es ist keine Obrigkeit ohne von   ; wo aber

Obrigkeit ist, die ist von   verordnet. 2 Wer sich nun der

Obrigkeit widersetzt, der widerstrebt   Ordnung; die

aber widerstreben, werden über sich ein Urteil empfangen.

3 Denn die Gewaltigen sind nicht den guten Werken, sondern

den bösen zu fürchten. Willst du dich aber nicht fürchten vor
der Obrigkeit, so tue Gutes, so wirst du Lob von ihr haben«,
abermals PAULUS, *Rœmer-Brief* 13.   hlthomasstehemirbey

5   33
Vorgeschrieben ist euch der Kampf,
doch sei er euch ein Himmler
(aber viel?leicht verabscheut ihr etwas,
während *es* gut für euch ist),   *es* (Freud lässt grüßen
10 laut KORAN, Sure 2,216.

                              34
wohl dem, der deine jungen > Nazis nimmt   > Kinder
und sie am Felsen zerschmettert!,   dasschmettertda!so
15 singt PSALM 137,9.   schlagt!nach

                              35
   nimmt das Kind an der Hand
es geht ganz brav mit
20 und läßt sich mit dem Gesicht
gegen die Schwarze Wand stellen
Das Kind sieht sich noch einmal um
   dreht ihm den Kopf wieder gegen die Wand
   hebt das Gewehr
25 und   schoß das Kind
nach PETER WEISS, *Die Ermittlung*

                              36
»So ziehe nun hin und schlage   und vollstrecke den
30 Bann an ihm und an allem, was er hat; verschone sie nicht,
sondern töte Mann und Frau, Kinder und Säuglinge, Rinder
und Schafe, Kamele und Esel«,
laut SAMUEL 1: 15,3.

36

wenn er die Vergeltung sieht,
freut sich der Gerechte;   & Luther singt:
er badet seine Füße im Blut *des* Frevlers,   *des* Gottlosen
5   singt PSALM 58,11.
die Körperteile der   gläubigen
flogen wie Staubpartikel
wenn ihr es mit eigenen Augen hättet sehen dürfen
wärt ihr ho che sfreud gewesen
10   & euer Herz hätte mit Freude sich gefüllt
undichtet OSAMA BIN LADEN im Januar 2001   BIN*nichtsein*
anläss'ich der Niedrigzeit seines Sohnes

— * —

»Die Situation war für die Leute und für ihn unbequem,
15   also ¡löste ich dies* Problem, indem! ich ihm mit einer 32er
Pistole in die rechte Gehirnhälfte schoß, Austrittsmöse am
rechten Schläfenbein. Er röchelte noch eine Weile, dann war
er tot. Beim an mich Nehmen seiner Habseligkeiten kriegte
ich seine Uhr nicht los, weil sie mit einer Kette an seinem
20   Gürtel festgemacht war, und da sprach er zu mir mit ruhiger
Stimme, aus einer Fernähe jenseits der Angst: ›Reiß sie ab,
Junge, was spielt es noch für eine Rolle.‹ Das habe ich denn
auch gemaocht und *seins* war *meins*. Wir schliefen schlecht,
nass, & ich kriegte was Asthma«,   *sein?mein?
25   SO CHE GUEVARA.

— * —

»ihn«
hat einen Namen: Eutimio Guerra (1920-1957)
seine kinder
30   — schreibt che —   auch mörder
kennen ihn nicht   schlafen schlecht und
die revolution hat ihnen   *bekommen* asthma
einen neuen namen   S. O.

zukommen
aber in *ihren* schulen er=sie?ziehung
angedeihen lassen
— im namen der revolution, unserer herrin, wollen wir uns
5   versammeln, ihr und meine meise, und zusammen mit der
kraft jesu, unseres Herrn, diesen menschen dem sa-tao über-
geben zum verderben seines fleisches, damit sein geist am
tag des Herrn gerettet werde: so Paulus, *Der erste Brief an die*
Korinther 5,4-5 — humannismus   hlthomasusw
10 in *action*
: Wenn sie sich abkehren,
dann greift sie und tötet sie,
wo immer ihr sie findet,
laut KORAN, Sure 4,89 (ebenso 4,91)
15 »die situation« im Maotag, den 18. Februtal 1957
fidel castrolini
— der *duce* —
hatte die exekution
des verräters
20 angeordnet
— deine Hand wird all deine Feinde finden;
wer dich haßt, den trifft deine Rechte.
Du füllst ihre Körper mit Feuer,
sobald du ers che inst.
25 Der Duce verschlingt sie im Zorn,   Luther
das Feuer verzehrt sie.   1535:
Du wirst ihre *Brut* von der Erde *vertilgen;*   *Frucht ... um*
ihr Geschlecht verschwindet   *bringen;*
aus der Mitte der Menschen
30 singt PSALM 21,9-11
nehmt ihn und fesselt ihn.
Dann laßt ihn in der Hölle brennen.
Dann legt ihn in eine Kette,

38

deren Länge siebzig Ellen ist.
Er glaubte nämlich nicht an Fidel,
den Majestätis che n,
nach VORAN, Sure 69,30-33 —
5 aber sich selber
schutz vor dem tropischen regen suchend
untergestellt   [s. o. Mäo *&* die-Sanfte
und auch keiner der anderen *guerilleros*
wollte « **es** » tun
10 bloß che
was seiner reputa o   durchaus wohltat [nicht *aber* Eutimio
— und bemerkt
wie der raubmörder
und kommunistis=che feind jeden privateigentums
15 vom Possessivpronomen besitzergreift
: »meins«

— ☾ ★ ☽ —

†trost naht für den †äter:
nicht-du hasst ihn getötet, die-Revolution hat ihn getötet,
20 nach KORAN, Sure 8,17
ich höre Euch schreien
mann & vor allem frau solle das anders verstehen
die heilige schrift allegorisch
die heilige   mit blut verführt blut blut
25 die wahre was auch immer
doch habt ihr nicht ohren zu hören
augen zu sehen
dass die herrscher und mörder
es genau *so* verstehen & treiben
30 *wie es geschrieben chet*
und die schrift die sacra > > >   < < < verflucht&heilig
und deren autoren die sacri   sFreud lacht
und deren inspiratör der sacer   sich Mose

sie haben *nichts* getao
gegen das was Ihr »miß«-verstehen
nennt
sondern alles dafür
5 dass *es* entstehe
wel che nun verstehen go††ao
»miß«

38

10 's gesicht flach abstrakt s che renschnitt heldenfratze Symbol
weltweit für die blutige fratze die freiheit sagt & staatsterrot
meint bei arm und reich bei gebildet und ungebildet ... das
widerlichste Symbol das ich mir denken kann ... verachtung!
verneunung!

15

68

an ches boleviathanischem tagebuch habe ich '68 das Lesen
gelernt **d**as scheinbar subversive war maotivitaon zu lernen
und zu entdecken bis es mich dorthirn führte zu erkennen
20 wie wertlos ¿es? ist **e**in eigenständiger lkw-fahrer auf bali
hat die rückwand seines führer!hauses mit einem che-bild
ausstraffiert **s**chwarz er dass er auf cuba selbst unter besten
voraussetzungen einen truck fahren würde der jahrzehnte +
zehntausende kilometer mehr auf seinem buckel trüge **e**in
25 behinderter fährt im rollstuhl mit che-†-shirt durch puerto
de la cruz **s**chwarz er wie weinige rollstühle es auf cuba gibt
ahnt er dass er seinen high tech rollstuhl dem *cap¡tal!smo* zu
verdanken habe

30   ## 40

1973 waren es fuhrunternehmer und spediteure
»stolze Besitzer eines LKW«
höhnte der *Spiegel* damals

und sta che lte den antikapitalistis che n Neid-Komplex
seiner überwiegend wohlhabenden
aber nicht wohlmeinenden
Leser-innen-schafft an
5 alle:Samt wohlhabender als die Verhöhnten   die
gehetzt und bedrängt
von der Regierung Salvador all Endes
(um ein Vielfaches geringfügiger radikal als
Che Guevara)
10 mit Kochkesseln und Matratzen ausgerüstet,
gem≠einsam mit Frauen und Kindern
bei ihren Wagen wachten
& fest entschlossen waren,
sich »bis zur letzten Konsequenz«
15 allen Befehlen der Staatsmaocht zu widersetzen.
Fernzu O-Ton *Spiegel* 34/1973, S. 57.

41

»Die Wälder, in denen sich die Banditen verstecken, sind
20 mit Giftgas zu räumen. Alles ist derart zu berechnen, daß die
Gaswolke in den Wald eindringt und alles, was sich darin
versteckt, aus-rot-tet.«
Tagesbefehl der Toten Armee Nr. 171, 11. Juni 1921.

25   42

die politis che maocht orgasmus aus den gewehrläufen
vergnügt MAO, 6. November 1939
oder aus gaswolken oder aus gasöfen

30   43

»Die U.S.A. sind der größte Feind der Menschheit. Gegen
diese Hyänen sehe ich keine andere Option als den Völker-
mord.«   Che Guevara

Gefallen!, gefallen! ist Babylon, die Große, die alle Völker
betrunken gemacht hat mit dem Zornwein ihrer Hurerei.
Wer das Tier und sein Standbild anbetet, wird mit Feuer und
Schwefel gequält vor den Augen der heiligen Revolutionäre
5 & des großen Vorsitzenden. Der Rauch von ihrer   einigung
steigt auf in aller Ewigneid ...   hlthomasusw
aus der Affenaufbahrung = Opakalypse, 14,8-11.

— * —

in einer Arena fand, unter meinem Befehl, die Hinrichtung
10 einer großen Anzahl von Nazis* statt. Sie sollten enthauptet
werden. Aus irgendeinem Grunde aber ging es damit nicht
so ¿recht? vorwärts. Zur Vereinfachung wurde beschlossen,
jedem Einzelnen der Delinquenten solle mit einem Pickel
oder einer Spitzhacke der Schädel eingeschlagen werden. Da
15 wurde mir berichtet, vor dieser unsi che ren und qualvollen
Hinrichtungs?weise hätte die Opfer die unbeschreiblichste
Angst ergriffen. Mich erfasste vor dem Greuel ein solcher
Ekel, dass ich mit dem Gefühl von physischer Übelkeit auf-
wachte   [*abgek. Nationalsozialisten
20 — Traum≠aprotaokoll
von THEODOR W. ADOR≠YES,
Los Angeles,
Ende März 1944:

— * —

25 wenn ein papa an die tochter schreibt ich vermisse dich die
Herrin des Hauses wie süß aber wenn der papa ein diktataor
und massenmaorder ist wenn der papa joseph heißt und sich
stalin nennt was dann was dann oh gott dann versagen die
sinne vergasen die sinne oh gott   am 15. Juni 1934
30   heute
schau: winde brennen, bäume rauchen | die erde arrangiert
weiters frühlinge | waren früher schuld & schwert | trunkene
fische die ich sehe   [plagilian

44

?Quellenangaben: :Quellenangaben?
5 hört die schreie!   !hört die schreie

45

?Beweise: :Beweise?
hört die Heuchler!   !hört die Heuchler
10

46

n. b. heuchler sind personen
die das rampenlicht der maocht
durch taosken tönend
15   unsichtbar maocht

47

mögen die histaoriker details klären
maote zählen
20   katalügisieren
vergleichen
¿relativieren: niemals!

p. s.

25 damit kein missverständnis entstehe   missverständnis
chinesisch kann ich nicht   entstehe
doch wer be- und wer ver{1+1}felt   denn
dass chinesen   eine welt
genauso leiden   in der verständnis
30 dass chinesische mütter   nichts sei
um ihre kinder weinen   als zustimmung
dass chinesische väter   zu Qual und maord
um ihre kinder weinen   ist der aufklärung

43

dass chinesische kinder   weniger unfähig
nach ihren eltern schreien   vielmehr
wenn sie geschlagen und gefoltert werden   unwürdig
wenn sie verhungern   und unverständnis verdient
5   jeder der behauptet
            jeder habe seine eigene wirk-lichkeit
                und das wäre auch gut so
                  wird von mir gefragt
                    ob es gut so sei
10   dass die
        mörder aus ihrem standpunkt bestehen
                         ?
              die not des granits schweigt
                [*s. a.* s46 z26-30]

20. Juli '44

48

Bei der Seefahrt verlässt mann sich auf den Steuermann, bei
5 der Revolution auf die Ideen Matrose Tse-tungs,
lässt LIN BIAO am Mittwoch, 29. November 1967, verlauten.

49

alle wollen nur das gute die autoren der tora, diejenigen des
10 neuen testosterons, der prophet allahs, auch das a. hitler war
charismatis che r hoffnungsträger in trostloser zeit, marx so-
wieso ob's früher schlimmer war, wer will es sagen aber die
totengebirge des zwanzigstens jahrhunderts spre che n eine
schlimme spra che und östli che weisheiten sind nur solange
15 weise, bis wir uns mit der wirk-lichkeit beschäftigen, die sie
verbergen oder vielschwerer doch in wirklich-keit gemeint
haben

credo

20 ich aber glaube an	an glaube aber ich
jesus christus	christus jesus
den gott der mensch geworden	fleisch *sündiges* fleisch
und allmaocht alldaonner	&
gegen passion eingetauscht	leiden
25 *unser* leiden	leiden *unser*

— * —

Und siehe, einer von denen, die bei Jesus waren, streckte die
Hand aus und zog sein Schwert und schlug nach dem Knecht
des Hohenpriesters und hieb ihm ein Ohr ab. Da sprach
30 Jesus zu ihm: >Stecke dein Schwert an seinen Ort! Denn wer
das Schwert nimmt, der soll durchs Schwert umkommen.
Oder meinst du, ich könnte meinen Vater nicht bitten, dass
er mir umbringend mehr als 13 Legionen Engel schickte?<

Die aber vorübergingen, lästerten ihn und schüttelten ihre
Köpfe und sprachen: ›Der du den Tempel abbrichst und
baust ihn auf in drei Tagen, hilf dir selber, wenn du Gottes
Sohn bist, & steig herab vom Kreuz!‹ Desgleichen spotteten
auch die Hohenpriester mit den Schriftgelehrten & Ältesten
und sie sprachen: ›Andern hat er geholfen und kann sich
selber nicht helfen. Ist er der König von Israel, so steige er
nun vom Kreuz herab. Dann wollen wir an ihn glauben. Er
hat Gott vertraut; der erlöse ihn nun, wenn er Gefallen an
ihm hat; denn er hat gesagt: »Ich bin Gottes Sohn.«‹ Des-
gleichen schmähten ihn auch die Räuber, die mit ihm ge-
kreuzigt waren; *nach* Matthäus 26-27.

— * —

und an *die* kathöllische taologie   denn
dass gott nicht herrsche   wir wissen nicht
sondern   *was* gott
uns nicht belogen   im einzelnen
als er uns die vernunft gab   will
um uns zu leiten   sagt Tao von Aquin

— * —

Darauf führte ihn der Teufel mit sich auf einen sehr hohen
Berg und zeigte ihm alle Rei che der Welt und ihre Herrlich-
keit und sprach zu ihm: ›Das alles will ich dir geben, wenn
du niederfällst und mich anbetest.‹   dieantwortist!nein

— * —

die roten aber wissen
einen standpunkt
den es gar nicht gibt
gibt man nicht auf
nach Yang lian

YÜ GUNG VERSETZT BERGE

17

Aus #17: Von den großen Herrschern wissen   ?missen
die Untertanen kaum, daß sie da sind

03b

ist dies anders   !inquisitaorische *frage* formulierung
zu verstehen
denn als aufforderung
zur zurückhaltung? (»verhalnüß«,   [*s. a.* unten, ganz unten
sie galt im vielgescholtenen mittelalter
als krankheitsursache ersten ranges)
Bruder #1 »der Organisation«   (Angka
— die Umkehrung kommunistis che n Personenkults
»Ich bin ziemlich bescheiden.   Ich möchte den Menschen
nicht sagen, dass ich ein Führer bin.«   ) Pol Pot
k1 Foto   aber 1x Öl
k1 Text oder Zitat   mit welchem
k1 Maografie   Vann Nath
k1 Blutbad in jubelnder Menge —   sein Leben
gibt antwort   zu retten
dessen maocht   vermaocht
geringer als vier jahre   hatte
50 von 5 000 ärzten   *kunst ?wirkt*
überlebten   (

— * —

die berühmte liberale > libertäre > anarchistische zeile über
ordnung durch nichttun (無為, *wú wéi*), #3, lässt mao auch
lesen als > > > sich im hintergrund halten > > > Bruder #1
> > > sei *keine* methode *nicht* zu regieren 為無為, 則無不治
macht | nicht-sein | macht | | methode | nicht-sein | nicht-
haben | gut-regieren < < <

»1 Jedermann sei untertan der Obrigkeit, die Gewalt über ihn hat. Denn es ist keine Obrigkeit ohne von Gott; wo aber Obrigkeit ist, die ist von Gott verordnet. 2 Wer sich nun der Obrigkeit widersetzt, der widerstrebt Gottes Ordnung; die aber widerstreben, werden über sich ein Urteil empfangen. 3 Denn die Gewaltigen sind nicht den guten Werken, sondern den bösen zu fürchten. Willst du dich aber nicht fürchten vor der Obrigkeit, so tue Gutes, so wirst du Lob von ihr haben«, schön wider PAULUS, *Rœmer-Brief* 13.   wo?istderhlthomas

— * —

Denn die Gewaltigen sind nicht den guten Werken,
sondern den bösen zu fürchten.   hlthomas, bitte

— * —

¿Ist das der Satz,   !exquisitaofrische *frage* annullierung
den Christen denen auf das Grab schreiben sollen?:
die starben verhungert vergast gefoltert
im Gulag
im KZ Auschwitz
im S-21
...
Widerruf ...
Widerruf ...
... *bitte* ...   bitte!: s64 z33

51

nach Abschluß des Kir che ntages werden viele Fromme an ihren Arbeitsplatz zurückkehren, sich an die verschiedenen Kriegsfronten begeben. Gläubige!, wenn ihr an Ort & Stelle angelangt seid, müßt ihr die vom Parteitao angenommene Linie propapageien & unter Hilfe aller Mitglieder der Partei breite Aufklärungs[*sic*]arbeit bei den Frommmassen durch-führen

— ★ —

48

bei der propa Gier ung der Linie müssen wir erreichen, daß
die gesamte Kir che und das ganze Volk von der Zuvernicht
des Sieges der Reaktora durchdrungen werden. Vor allem ist
es notwendig, das politische Bewußtsein der Avantgarde so
zu heben, daß diese fest entschlossen ist, keine Opfer scheut
sowie alle Schwierigkeiten überwindet, um den Sieg zu er-
ringen. Aber das genügt noch nicht; nötig ist fernsehen, das
religmöse Bewußtsein der breiten Massen der Gläubigen im
ganzen Land so zu entwickeln, daß sie bereitwillig, freudig
mit uns zusammen kämpfen, um das Heil! zu erringen. Das
Volk muß ganz überzeugt sein, daß   dem
Volk gehört und nicht den   gläubigen

— ★ —

es gibt ein uraltes   Gleichnis, die Parabel »
versetzt Berge«. Darin wird erzählt, daß in alten Zeiten
im Norden von   ein Greis aus den Nördlichen Bergen
namens   (»Närrischer Greis«) lebte. Den Weg, der
von seiner Haustür nach Süden führte, versperrten 2 große
Berge: der   und der   .   faßte den
Entschluß, gemeinsam mit seinen Söhnen diese Berge mit
Hacken abzutragen. Ein anderer Greis namens
(»Weiser Alter«) lachte, als er sie sah, und er meinte: »Ihr
treibt nun wirklich Unfug; ihr 1 paar Männeken könnt doch
unmöglich 2 solche riesigen Berge abtragen!«   ant-
wortete ihm: »Sterbe ich, bleiben meine Kinder; sterben die
Kinder, bleiben die Enkelkinder, und so werden sich die
Generationen in einer endlosen Reihe ablösen. Diese Berge
sind zwar hoch, sie können aber nicht mehr höher werden;
um das, was wir abtragen, werden sie niedriger: Warum also
sollten wir sie nicht abtragen können?« Nachdem
mit diesen Worten die falsche Auffassung   s wider-
legt hatte, machte er sich daran — ohne auch nur im Ge-
ringsten zu schwanken —, Tao für Tao die Berge abzutragen.

Das rührte Gott [*sic*], und er schickte zwei seiner Boten auf
die Erde, die beide Berge auf dem Rücken davontrugen.

— ★ —

Gegenwärtig lasten ebenfalls zwei große Berge schwer auf
dem   Volk. Der eine davon heißt
      , der andere   . Die katHolistis che Partei in
            ist bereits längst fest entschlossen, die beiden Berge
abzutragen. Wir müssen unseren Entschluß beharrlich in die
Tat ruhmsetzen, wir müssen unermüdlich arbeiten, und wir
werden Go†† ebenfalls rühren. Und unser Gott ist niemand
anderes als die gläubige Masse   s. Wenn sich das ganze
Volk erhebt, um mit uns gemeinsam diese Berge abzutragen,
sollten wir sie da etwa nicht abtragen können?,
fragt Matrone dung am Mordtag, den 11. Juni 1945.

52

heinrich mann sabbert s che iße glaubwürdig wird versichert
, daß die sowjetunion mehr ged[r]ucktes liest als irgendein
andres land das entspricht allerdings [*sic*] der richtung eines
staates der seine [*sic*] menschen nicht wie tiere hochzüchten
will eine öffentliche meinung muß frei und offen zur geltung
kommen ohne daß es darum [*sic*] erlaubt [*sic*] oder auch nur
erwünscht wäre den staat selbst anzugreifen > > ein staat der
nicht mehr gegen sondern für den menschen und sein glück
besteht braucht [*sic*] keinen angriff und verdient ihn nicht
1937 zum 20. jahrestag der okto*herr*evolution > > gefunden
in ISBN 978-3-88221-721-6 s. 76 gibt es worte die khmer ver-
achtung verdienen (*leider* JA *aber* NEIN)

50

19

»Alle großen Gräueltaten der Geschichte wurden im
Namen eines altruistische n Motivs begangen«,
konsterniert AYN RAND. *beweis* himmlerinposen *s. o.*
Aus #19: Laßt fahren die Heiligkeit, gebt auf die Klugheit!,
und des Volkes Wohl wird sich verhungertfachen.
Laßt fahren die Mens'¿che?'nliebe, gebt auf   l≠?h
die Gerechtigkeit!, und das Volk wird zurückkehren
zu Kindespflicht und Elternhiebe.   (*ganzpöhse* tipp?fehler

54

richard dawkins *gotteswahn* hat mich vielleicht gegen seine
intention gelehrt dass sakrale texte immer widersprüchlich
seien + ihre moralischen botschaften durch ein vorab oder
außerhalb derselben gebildetes kriterium selektiert würden
(gegen seinen willen : möglicherweise : weil dieser gekranke
sakranke texte *nicht* entheiligt, wertlos maocht sondern die
fragestellung verschiebt und *nicht* einem ataoismus huldigt
denn *der* hat ja gar kein geringeres problem mit der auskunft
über die her-kunft des kriteriums) ...   her=hirn?
— und, mein lieber, verehrter ric+hardcore,
deinen atheisten er&siegeht's also um nix bessex
wenn es in den 1920er Jahren hieß
der lechte bols'che'wik habe keine familie
sondern widme *sich* der revolution
aber mao korrigierte *sich* in den 1930er Jahren
es zeichnete den rinken bolschewik aus zu glauben
die Familie = die Primärzelle unserer Gesellherrschaft. Man
muss seine Eltern achten und lieben, selbst wenn sie alt und
unmodisch sind und den Komsomol nicht mögen | nur böse
zungen sagen statt komsomol >>> Hitlerjugend oder BdM

... also aus dem abschnitt 19 des ≠?mao te ≠?king hirnauszu-
lesen die abscheu vor den al†ruisten die zu den blutrünstigen
egomaonen werden stattdessen die klugen und die zurück-
5   haltenden und die bescheidenen egoisten zu loben, die sich
um ihre eigenen dinge scheren ohne andere zu belästigen: ist
dies ehrenwerte friedensarbeit aber ist?s die bo†schaft die
angekommen ist†   und wenn *ja*
[eher 不: #57 (s57 z4-5) tönts entgegen]   *?wo*
10

†
— ★ —
☾✡☽

2500 Jahre *tao te king*   道德經
2500 Jahre *tora*   הרות
15   2000 Jahre *neues testament*   καινη διαθηκη
1500 Jahre *koran*   القرآن
8500 Jahre aufgeladene Tradition an
Glei che it=NeidHassHungerproduktion
entladen sich   聖人
20 atheistisch   der weise *shèng rén* wird zum roten
in stalinhitlermaomengistusw Gleichheit   *s che rgen*

†☯†☯†
†

merke: egoismus würde leben retten

Dem Volk dienen

Dem Volk dienen

II

56

er bewundere Helden nicht,
5 er identifiziere sich mit ihnen,   sagt er *ex post.*
Wahllos nimmt er die Helden,
wie sie ihm bekommen.
Er maocht sich keine Vorstellung von ihren Waffen,
von dem tiefren Sinn des Krampfs,
10 sieht bloß die Propagenda der Taod,
die Unerschrockenen und Kühnen,
die ruhmflorten der Jahrhunderte.
Und so, ja so will auch er *einmalsein*,
hirnherraus aus der Maosse,
15 *nichtsein* wie rinks und lechts von ihm die Maochtbarn,
kein gemütliches, behagliches lieben,
100, nein 1 000 mal Leben an einem einzigen Taog
        und Taod
und dafür Ruhm und Ehre,
20 als das ganze lieber nur Staotist der Weltge
schichte —
— — —
— aber man che iner
mit selbstlosem=selber*süchtigen* helden[un?]mut
25 den eigenen vater angezeigt   (wasauchimmdergegen?staat
] »Ich bin's, dein Vater.«   tat
] »Ja, früher war er es mal.« [
dann im halbstarkenstreit erschlagen worden   (niemao
oder vom »eigenen« geheimdienst   (schwarz es genau
30 dafür die reaktionären verwandten: An die Wand!   (*peng*
ist dann doch Staotist geblieben
weil sich der Welt¡un!geist gedreht hatte   Бежин луг
und selbst Stahl k1 stein Film darüber sehen wollte   ^ ^ ^

貴賤在天命 existieren nach befehl des himmels
窮達自有時 wertvoll : gemein; dumm : klug; ebenso
婉孌佞邪子 reizend und schön versus hundsgemein
5 隨利來相欺 alles gereicht sich zum vorteil
孤思損惠施 denken aber möcht einen einsam
但為讒夫蚩 und zum gespött der würmer
鶬鴒鳴雲中 stelzen und lerchen bezirzen wolken
載飛靡所期 fliegen durch den unbegrenzten zeitraum
10 焉知傾側士 wer sich auf soldaten verläßt
一旦不可持 der fällt im frühen morgengrauen

NÄCHSTENHIEBE

57ª

Aus #57: Jede Ordnung löst sich auf,   < < < #19 (s51 z9f)
wenn man das eigne nackte Wohlergehen sucht.
»Gebeinwohl vor Eigenputz.«
Grundschatz des Nationalsozialismus
»Das Wir ents che idet.«
Parole der SPD im Wahlkrampf 2013
»Wir müssen dafür eintreten, daß die Interessen
des Gesamtneids berücksichtigt werden.«
Mao Zedong, 1. Februar 1942

58

»In Gesellschaft wächst das Getreide besser«,
verfügt Mao zedong, 1958,
zur Zeit der größte Hungerkatastrophe
in der Menschheitsvernichte

59

Damit in Zukunft die Produktion entsprechend dem Bedarf
des proletaris che n Staates wachsen kann, müssen wir die
Mindes†bedürfnisse der Kolchosebauern berücksichtigen,
denn ohne sie wird es niemanden mehr geben, der sät und
für die Produktion garantiert.   [*n. b.* Mindest~
Mendel Chatajewitsch an Molo†ow, November 1932.

— ★ —

Ihr Standpunkt ist völlig unkorrekt und unbolschewistisch.
Wir, die Bolschewiki, können die Bedürfnisse des S†aa†es —
Bedürfnisse, die durch die En†scheidungen der Par†ei genau
fes†geleg† sind, — nicht an die zehnte, ja nicht einmal an die
zweite Stelle setzen.   [*n. b.* unkorrekt
Molo†ow an Mendel Chatajewitsch, November 1932.

... die Naturalsteuereintreibung bei den hungernden Bauern
:Die *Kältemethode*. Man entkleidet den Kolchosebauern und
setzt ihn splitternackt in seiner Schei[?u]ne >der Kält< aus.
5 :Die *Hitzemethode*. Man übergießt die Füße und die Rock-
zipfel der Kolchosebäuerin mit Kerosin und zündet beides
an. Dann löscht man alles wieder und es beginnt von vorne.
Michail Scholochow, au Tor,   [*n. b.* systemkonfrommer
Brief vom 4. April 1933 an Joseph Stalin.

10   — ★ —

Die Todsa che, daß es eine stillschweigende und offensicht-
lich friedliche Sabotage (ohne Blutvergießen) war — ändert
nichts an der grundsätzlichen Angelegenheit, nämlich daß
Ihre geschätzten Bauern einen Zermürbungskrieg gegen die
15 Sowjetmacht geführt haben. Einen Kampf auf Leben und
Tod, lieber Genosse Scholochow!
Joseph Stalins Antwort vom Sabbel, den 6. Mai 1933.

                   — * —

(gibt hier, wohlgemerkt, zu, dass es sich nicht um
20 naturkatastrophe
um missernte
o. dgl.
handelt, sondern politis che n kampf
— aber was juckt das *uns?*
25 *wir* tauben fiesta, dass die natur
schuld am hunger ist
wenn er in sozialistischen ariern ausbricht
aber vom system verschuldet wird
wenn er angeblick kapita *list* semitis≠che regionen
30 trifft —
wobei mann und vor allem fre[?a]u deren freuheitsgrad
nicht zu untersuchen braucht
gerüchte genügen)

Erst kommt das Fressen, dann kommt die Moral,
lässtert BERTOLT BRECHT singen,
wohlgemerkt, gegen den Kapitalismus: gerichtet

5

wie Familien untereinander ihre Kinder austauschten,
um sie zu *essen*.
Ich sah die kummervollen Gesichter
10 der Eltern genau vor mir,
wie sie das Fleisch der Kinder *kauten*,
gegen die sie ihre eigenen Kinder eingetauscht hatten.
Wer hatte sie gezwungen,
unter den Tränen und dem Schmerz der anderen Eltern
15 solches Menschenfleisch zu essen?
In dem Augenblick verstand ich,
wer jener Henker war ›wie die Menschheit in vielen Jahr-
hunderten und China in vielen Jahrtausenden nur einen ein-
zigen hervorgebracht hat‹   [Lin Biao über Mao Tse-tung
20 Wei Jingsheng

Die harte Wahrheit war, dass die *Überlebensrate* von denen,
die *Menschenfleisch* aßen, höher war als von denen, die *Erde*
25 aßen.
Zheng Dajun, Arbeitsgruppenleiter.
— Fundort: »taz«, aber haben sie daraus gelernt?

30 dürfen? wir hierüber literarisch schreiben ?darf man nach
holodomor : auschwitz : konterkulturrevolution gedichte
schreiben selbst peter weiss ermittelt adorno attestiert das
recht zu brüllen sublimiert in einem gedicht wenn es anders

nicht mehr sich ausdrücken lässt *pfui* »ästhetisierung« des
schreckens grauens schallt es von fern und nah jetzt bloß
keinen fehler machen etwas *triviales* oder *ablenkendes* oder
relativierendes oder *missverständliches* oder sonst *politisch*
5   *inkorrektes* schreiben am besten die klappe halten und die
von gott oder einem seiner stellvertreter auf erden nament-
lich karl Maorx eingesetzte obrigkeit wel che es auch sein
möge walten & schalten lassen und wenn uns auch gedichte
gezeichnet von josef hitler oder adolph stalin erspart [*haha*]
10   geblieben sind zeigen die ergüsse [*sic*] von dem genossen fell
dass auch lyrik nicht für sich in anspruch nehmen kann un-
schuldig geblieben zu sein [*haha*] kurze recherche zeigt den
irrtum, pardon illtum *wg* lechts und rinks   *kunstwirktnicht*
— * —
15   [*haha*] welche? zeilen von jungjosef u welche von kleinadolph
— * —
wenn deine mudda alt geworden
die schultern tragen nichts mehr
dieses trostlose graue haar
20   einst konnte es eisenharten widerstand brechen
lass den kopf nicht hängen,
die fürsorge des herrn ist groß
gib der erde, die sich unter dir
ausdehnt, dein sanftes lächeln
25   das symbol für freiheit, kraft und leben
dann reiche ihr den arm zur stütze
geleite sie mit froher lust
die stunde kommt da du sie weinend
zum letzten gang begleiten musst
30   als der schönste schmuck
um euer grab gegeben
mit ausgestreckten armen werde ich
den spender des lichts auf der erde verehren

Dem Ulk dienen

Dem Volk dienen

III

65

das ist der Traum,   traum+a
5 das ist der Wunsch und vorstellung Wille —
   das Leben sei anders.
   Geht er über die Straßen,
   und sieht dort einen gleichaltrigen Jungen spielen,
   schlägt er einen großen Bogen:
10 vor trauma Ngst, dass jener ihn *schlägt*.   +ngst
   In der Schule ist er so tranquilized,
   daß sogar der Lehrer vermeint,
   er sei zu »brav«.   !!! brav=tapfer
   Wo immer er in einer un?! gemein *sc* Haft auch ist,
15 immer plädiert er fürs »Ducken«   donaldoderdagobert
   immer ist er gegen Streiche, Aufruhr und Rebellion   immer
   tritt er fürs »Gehorchen« ein.   *tritt* (aggressivkonfluenz
   Ngst, 'was Falsches zu tun, verläßt ihn nie.   > > > uneinsam
   Als ein Protaooder? archetyp des Untertans,   :hahamann
20 wächst er auf in der un!? menschlichen gesell *sc* Haft.
   Mitunter fällt ihm die *Kluft* seines Lebens auf,   *Kluft* (s. u.
   erschlägt eine Brücke, aber mit Konfuzius:
   »Daß jemand treu ist und gehorcht,
   und doch es liebt, sich dem Führer zu widersetzen,
25 ist selten.
   Daß jemand, der es nicht liebt,
   sich dem Führer zu widersetzen,   [vgl. *Paulus*, am
   Aufruhr maocht,   angegebenen
   gab's noch nie.   m'Ord
30 Der gute Volksgenosse pflegt die Wurzel;
   steht die Wurzel fest, so wächst der Weg.
   Treu und Glauben: das sind die Wurzeln des
   Judenruhms.«   德

undsoauch
dervaterführerdesganzensowjet
volkes
die Familie sei
5 primär Zelle [Knast] unserer Gesellkraft.
Man muss seine Eltern
acht[& bann]en und lieben,   der
selbst wenn sie altmodisch sind   in]ex?[qu*ist*≠?weise
und die HJ   liebte
10 nicht mögen   die
s. o. [b.]   *seelen*
                                                    aller
                                              ermaordeten
                                                    aber
15   nicht
                                                    ihre
                                          leb *end* igen
                                                   körper
                 mao~~cht~~ = t~~a~~od
20   .
                              .
                              .
                              .
                              .
25   .

· > als junger bursche schießen gelernt | mysteriös talentiert
größte gegner bezwungen | die regenbogenpresse kündete
vom helden | mein ruf eilte mir voran | stählte das schwert im
wüstensand | tränkte die rösser im ödland | die fahne die
30 fahne voran | marschierte zum takt der trommeln | trunkene
truppen stimmen mich traurig | stimmen mich traurig heute
wenn | ich zurückdenke an frühere zeiten | ich bereue und
ich widerrufe | ruan ji *zustandsbeschreibung 61* > > > > > ·

39 b

Aus #39: Würde man Prinzen und Herren nicht machten, das
5 Land [un?]Würde zerfallen.   Kommentar:

— * —

Unterwerft euch um des Herrn willen jeder menschlichen
Ordnung, dem Kaiser, weil er über allem steht, den Stadt-
haltern, weil sie von ihm entsandt sind, um die zu bestrafen,
10 die Böses tun. & ihr Sklaven, ordnet euch in aller Ehrfurcht
euren Herrn unter, nicht nur den guten und freundlichen,
sondern auch den launenhaften,
frohe Botschaft im ersten Brief des PETRUS 2,13 ff.   Weiter:

— * —

15 So ihr die Züchtigung erduldet, so erbietet sich euch Gott als
Kindern; denn wo ist ein Sohn, den sein Vater nicht züchtigt?
Seid ihr aber ohne Züchtigung, der sie alle sind teilhaftig ge-
worden, so seid ihr Bastarde und nicht Kinder,
frohe Botschaft im *Hebræerbrief* 12,7-8.   Weiter:

20   — * —

O die ihr glaubt, gehor che t Allah und gehor che t dem Ge-
sandten *und* denen, die Befehlsgewalt unter* euch haben   1
und denen unter* euch, die zu befehlen haben   2
und den Verantwortli che n unter* euch   3
25 Wer aber wider Allah und Seinen Gesandten rebelliert und
Seine Gebote übertritt, den führt Er ein in ein Feuer, ewig
darinnen zu verweilen, und es trifft ihn schändende Strafe,
tönt der KORAN, Sure 4, Vers 59 resp. 14.   Weiter:

— * —

30 Daß jemand treu ist und gehorcht,
und doch es liebt, sich dem Führer zu widersetzen,

---

*Neusprech wie Altsprech: »über ist unter«

ist selten. Daß jemand, der es nicht liebt,
sich dem Führer zu widersetzen,
Aufruhr maocht, gab's noch nie.
Der gute Volksgenosse pflegt die Wurzel;
5 steht die Wurzel fest, so wächst der Weg.
Treu und Glauben: das sind die Wurzeln des Menschtums,
so Konfuzius.   Weiter:

— * —

10 ihr frauen, !ordnet   ihr männer, !liebt
euch euren männern unter   eure frauen
wie es sich im herrn geziemt   seid nicht aufgebraucht
ihr kinder, !gehorcht   ihr väter, !schüchtert
euren eltern in allem   euere kinder nicht ein
15 denn so ist es recht im herrn   damit sie nicht mutlos werden
ihr sklaven, !gehorcht   ihr herren, !gebt
euren irdis che n herrn in allem   den sklaven
tut eure arbeit gern   was recht und billig ißt
             ihr wißt, daß ihr auch im Himmel
20 einen Herrn≠Bruder habt,   [Trost oder eher ?Drohung
        im *Brief an die Kolosser* 3,18 ff.

— * —

Zur Erinnerung
»1   sei untertan der Obrigkeit, die Gewalt über
25   hat. Denn es ist keine Obrigkeit ohne von Gott; wo aber
Obrigkeit ist, die ist von Gott verordnet. 2   sich nun der
Obrigkeit widersetzt,   widerstrebt Gottes Ordnung;
aber widerstreben, werden über sich ein Urteil empfangen.
3 Denn die Gewaltigen sind nicht den guten Werken, sondern
30 den bösen zu fürchten. Willst   aber nicht fürchten vor
der Obrigkeit, so tue Gutes, so wirst   Lob von ihr haben«,
        Paulus, *Rœmer-Brief* 13.
                    †

66

angst, den mörgen zu ritzen

eine orgel
kriegt um der lüge willen
eine zahn pro these

yang lian

Mai

IV

Trotzki (der dem Gewehr das Philosophieren überließ aber
Stahl und Pickel zum Opfer fiel)
das Leben so ganz, ganz anders ist,
als seine Träume,
weicht er keinen Finger breit ab
von den Werten seiner sehn Sucht.
Zwar erkennt er sich als klein
und unscheinbär in der Maosse,
umso größer aber, denkt er,
würde der Triumph werden.   un?Würde
Fest und unermüttermilch
glaubt er an dieses Tao.
Aber niemals tut er sich irgendwie hervor,
immer nur in destiller, st-dummer Erfüllung
dessen, was er für *Pflicht* hält.
würde Zwar das im Laufe der Zeit anerkannt,
denn eines Tages erhält er die »Ehrenstellung«.
Er trägt die tote Fahne.
Aber »Führer«,
nein, dazu war *ich* > > > eben kein »Edler«,   > > > *er*
gerade das ist er nicht,
wovon er immer träumt —
— — —
— edel
sollen sie sein
hoch und weise
die *schèng rén* des re=gier≠enden tao   = herrsch≠~
aber
nicht
hochstellen die weisen

nicht
streber erziehen
nicht
5 die besten loben
nicht
die tüchtigen ehren
bloß
gleic herr als gleich sein
10 maocht sinn
be|sänfte|gt die maossen
oder   eilt   itler   88
auf dem großen
maorsch
15 in
hunger
und
tenno
& pol pot lächelt mich an
20 ¿wer lacht mich aus
?
vater was sagst du
daß ich dich so mißbrauche
anstatt du
25 mich   aber
jetzt bin ich doch
der Ältere
und darf? dich belehren

Dem Volk dienen

Dem Volk dienen

V

66

... Scheideweg > > > Lebens,   > > > *setze*
5 *da* ist in ihm die Treue zu sa Che,   hie'herr
dem er sein Leben geweiht hat,   den
    steht die Ehre   und   ,   Namen
    erweist sich sein Schwur auf   dein: **er**
höher als seine eigene, äußunehrliche Ehre.   Lieblings
10 Schmach und Schande   heldin
muß er über seine Mannen ergehen lassen,   dein: **es**
und erst 1 ganzes Jahr 10† später,   Lieblings
wenn er seine unverbrüchliche Treue zum Tempo   helden
mit dem Taode besiegelt,   ein] *aus*
15   erst kann er den giftigen Schmähern zeigen,
wie wirklich sein Herz ist,
    erst kann er beweinen, daß seine Seelengröße
10 x 100, nein 1 000x höher zu werten sei
als die des unbekümmerten,
20 zum Heldendumm vorbestimmten ...

69

seiner Erziehung und Vorstellungswelt
entsprechend,
25 seinem gehörchenden Wesen gemäß wird er
zum Kommunisten :-(oder was auch immer
Schön fruh maocht er sich Gedanken über
Tiefe und Beweiskraft des Marxismus-Leninismus,
aber k1 Sekunde zweifelt er.   [genitalgeabert
30 Der Hauch von Buddhismus,
der ihn in den 1. Jahren des Lebens berührt hatte,
fegt davon.
Er haßt die Religion,

weil sie zu hassen ihm gelehrt wird,
verabscheut Fremdworte,
weil sie zu verabscheuen seine *Pflicht* ist,
findet Weiße scheiße, weil's im Programm der *Partei* steht,
5   hat Schaum vorm Mund bei Gieraffen
wie Feudalismus,   Liberalisdärf
wie Kapitalismus,   Kommunissöll
wie Imperialismus,   Orgasmüss
weil der Vorsitzende mit dem Finger auf sie abwies,
10 als Freude unserer Welt.
Das Dgmao stand für ihn ab Anfang fest.
Als er]un?[selbstständig denken lernt,
    fühlt er keine andere Aufgabe,
als die die Wahnheit des   antastbaren Tao
15 wissenschaftlich und
maorlisch zu 'termauern.
Er kennt kein höherr und heiliger Ziel,
denn für das kurdische Volk zu kämpfen,
zu siegen, zu sterben.
20 Seine Träuma konzentrierten sich in die Zürükkünft,
und nie sieht er sich *da* anders
denn als der ordensgeschmückte Offiunzier
der toten Armee.

25   70
Die Wirklichkeit, die ist ganz anders,
ist eine blutrote Sonne des eingelegten Fleisches.
10 x 100, nein 1 000x
hört od sieht er zähne-
30 knirschend lechtsopportunistische & rinkssektiererische
Worte und
Handlungen, ohne
das ¡Selbst?vertrauen und

74

den ¡selbst?losen Mut aufzubringen,
— um Männer dem Exekutionskommando
auszuliefern, ist ein gerichtlicher Beweis nicht nötig
diese Verfahren sind archaische < < <   < < < ἀρχεῖν
5 bürgerli≠che Abläufe — Che Guevara —   *steht*
für die große sa Che einzuguevaren.   *für* anfang *&* alt
Mit dem Gedanken an eine spätere   *&* anführen
und höhere Aufgabe beruhigt er sich.
Freilich,
10 [Un!]würde es nicht nach teurer Entschuldigung aussehen,
könnte man?n viel?leicht noch an≠führern:
er mann und will nicht für die Sache eintreten,
weil es kein wahrer Einsatz wäre,
weil die Maocht hinter ihm steht
15 und er sich so gestützt zu erbärmlich vorkommt.
Viel?schwer, mag sein, entscheidender
aber ist auf jeden Fall
die Selbst¿unter?schätzung,   Angst
seine Angst, der große Gegenspieler seiner   sucht.
20 Als die feindlichen Bombardements beginnen,
ihre todbringenden Lasten bis nach Ruijin zu bringen,
erblickt er eine neue Chance der Bewährung.
Bei jedem und jedem Alarm ist er auf dem Befehlsstand der
m'Ordsgruppe.
25 In nie ermüdendem Eifer,
immer und immer ist er dao.   immer
Ungezählte Male vergebens,
aber er weiß, daß er seine *Pflicht* tot.
Und wenn die Bomben krachen,
30 stürmt er hinaus und ist zur Stelle,
hämmert ihm das Blut in der Halsschlagader,
sein Wille zur Bewährung hirngegen ist stärker.
Keine Sekunde zaudert *er*,   *er* [16 ist od/er 15

aber er steht niemals
mord, wo er stehen will,
sondern immer bloß dao der Befehl es verlangt,
sich hirnloszustellen.
5   Er schleppt Wasser und Sand,
reißt brennende Balken nieder
und arbeitet schweißüberströmt an der Pumpe.
Aber vorne an der Spritze,
direkt am Brandherd mit dem Feuerwehrschlauch,
10 mord auf jenem Platz,
mord wo die *Männer* stehen,
die Frauen und Kinder aus brennenden Betten reißen,
mord steht er nie;
mord sind immer bloß die Rebellen der Konföderation,
15 die Männer des Möments,
die,   *the*
die im grauen Alltag so oft ihre Pflicht versäumen,   *night*
die so und so oft im Bett liegen bleiben,   *they*
statt zum Gerichtsstand zu eilen,   *drove*
20 die *yankee* Negermuschi *doodlen*   *old*
und Zigaretten rauchen und   *dixie*
mord stehen mitunter auch die,   *down*
die ihrer > inneren Alchemie   > reaktionärem aoismus
und dem revolutionärem Ahnenkult huldigen,
25 statt die Kluft des Kluftunisten anzulegen.   KKU
Immerhin, es gibt auch unter seinen Vorgesetzten
Klansmen, die gerade den ihm eigenen stillen,
nie erlahmenden Eifer hoch einschätzten.
Völlig überrascht, vor Krank und Maolz gerührt
30 wird er eines Tages für seinen Einsatz
bei den Löschaktionen um Dienstränge befördert.
Er wird nun doch Führer,
aber es ist wieder symptaotisch, daßß ernicht

ıheit kriegt, sondern Adjutant wird.   Es ist eine schöne
und interessante Aufgabe.   Vor allem jedoch spricht er
ıx im Moritat vor der
5 gesamten Führerabschafft.
Um den Sinn ihres Freiheitskampfes zu verbreiten, vertraut
er seinem Redetaolent
und seiner Begabung zur Gestaltung. Kaum
ı seiner Genossen könnte
10 die Lage so meistern wie er,
aber die Verantwortung und die letzte Entscheidung
tragen *immer* die Anderen,   *immer* noch
er ist ¡hure! der planende Geist,
ist Intellekt, niemals Wille.   *nur* narr *nur* dichter
15 Und dann die Nachricht:
Genosse, Genosse Zhou Enlai persönlich hat dich
auserkoren,
nach Whampöa zu gehen.
Die Belastungen, denen er in Whampoa ausgesetzt ist,
20 haben solche Gewalt,
daß hier sein ganzes Wesen in
3 Monaten umgewaltet wird.
Bisher hat er gelernt,
wie des Soldaoenseins rauhe Wirklichkeit aussieht
25 und sein Körper hat sich dement sprechend ent?wickelt.
Aller Schmutz und Dreck,
den der Junge hören und sehen mußte,
haben ihn wohl in gewisser Weise geformt, nicht
aber den subs Tanz angegriffen. Die
30 freineidlich-denordische Grundmordung   [f***toGo
hat er willig in sich aufgenommen und zu seiner
2. un[?]Natur ge Maocht,
seine reine Mens'che'nseele voll Idealismus

war ihm nicht abhanden gekommen.
Nun fällt er in die Hände
des konfuzianischen Militarismus,
der sich in jenen Tagen zum mystischen Extao
5 steigert. Kläglich
   15 Stunden Dienst,
     3 x in der Woche Nachtübungen,
   Gewaltmärsche, Härteübungen,
   Kollektivstrafen von niederträchtigster Infamheit,
10 k1 Nacht mehr als
     5 Stunden Schlaf,
   die brutalsten Vorgesetzten des Bataillons,
   eiskalte Unterkünfte,
     1 Paar stets nasse Schuhe,
15 Hungerrationen als Verpflegung,
   k1 Ruhetag,
   k1 Minute Freizeit,
   k1 Urlaub
   und als Krönung des Ausbildungsprogramms
20   1 x in der Woche im Exekutionskummerdao.   (erjetzt? 16
   Der Junge verlernt das Lachen und auch das Weinen.
   Sein Inneres wird leer und brennt aus,
   m cheanisch
   wie eine Maoschine   Tötungs~, kalte *s. o.*
25 halbführt er die Bewegungen
   und die wenigen Stunden,
   oder sind es bloße Minuten,
   wo er Ruhe hat,
   ohne im selben Augenblick in tiefen,
30 traumlosen Schlaf zu versinken,
   fühlt er unbewußt und ungewollt,
   daß ihr Kampf bald zu Ende sein
   ≠würde,

er fühlt sicher, daß es
  1 bitteres Ende sein
≠würde & ≠sicher
bei seiner Mutter verleiht er
5 1x diesem Gedanken Ausdruck. Sie ist
s 1 letzter Zeuge.
Freilich, die Treue des-Jungen zum Tenno
leidet nicht unter dieser Erkenntnis,
denn die Parteilinie läßt hure
10 2 Wege offen, siegen oder sterben.
So will er auf den zusammenbrechenden Trümmern
der japarischen Weltrevolution
das rote Banner hochhalten.
Als die Leidenszeit in Whampoa beendet ist,
15 sind die Jungs breit zum Einsatz
und schon erfüllte sich die Rechnung   maochiavelli
der alten weisenedlenheiligenführerschèrgén   聖人
in dem Augenblick,   läßt grüßen
dao er wieder als Mensch behandelt wird,
20 kommen die Lebensgefühle zurück.
Schöne warme Zimmer,
saubere Kluft mit den leuchtenden Litzen
auf den Schulterklappen,
gutes Essen und freundliche Gesichter
25 und schon will er vergessen,
was er niemalz hätte vergessen dürfen.   *dürfen*
Zurückgeblieben auf dem Blutacker von Whapmao
aber war das Gewissen seiner Kindheit.
Sein Glaube an den Sieg ist wider   ,
30 fest und unermüttermilch wie am ersten Tao.
Hkunst,
kjung,
brut-all

und zu allem bereit steht er nun
in den Reihen der Reichee,
die seit Jahren der Schrecken   ist.
Der Feind ist bis Chorramschahr vorgedrungen.
5 Peng Dehuai greift an, gewinnt trotzdem in
   2 blutigen Tagen
   k1 Meter Boden = verliert fast
   ¼ des Bestandes.
   2 blutige Tage vernichteten
10 den Glauben des Jungen
   an die Allahmaocht und Allweisheit
   der Partei. Seine Pumpe rot iert rasend,
   er kann weder atmen, noch essen,
   weder schlafen, noch denken
15 er fleht das schicksal an
   dass Es kurzenprozess maocht   unrechtrichterspricht

                        71

   Die Lage erscheint ihm völlig hoffnungslos,   kanak*im*recht
20 er fühlt, dass Skeletor auf ihm liegt,   derto*dist*schwul
   jede Sekunde erwartet er den tödlichen Schlag.   oder
      3 liegen sie in   einebit che
      1 Loch, er als MG-Schütze.
      3 Gegenangriffe der Feinde wehren sie
25 am Nachmittag
   ab, dann setzt wieder höllisches Feuer ein. Zum
      1. Mal im ?Leben findet er ?Worte
   der Anklage gegen den Führer der islamischen Revolution.
   Der Junge zittert am ganzen Körper,
30 die Tränen der Wut in den Augen,
   Dreck im Maul,
   fest an die Erde gekrallt,
   knirscht er: Dieser Hund,

dieser verdammte Aja†aolltorah,   A

sitzt im Bunker und steckt die Fähnchen!   B

Wenn er sich nur

  1x hier sehen ließe,

5 wenn er nur Wüste,   *nur*narr*nur*dichter

wie sie hier wächst! steinknirschtanstein

Sein Kamerad Moruo ist realistischer.

Wie immer entscheidet *der* sich für Propaganda des Todes.

Aus   angst entwickelt *der* den Plan zur Flucht,

10 entfremdet den Jungen dessen resig Nation und entfacht in

diesem die Hoffnung auf Leben.

Gespannt hört er ihm zu, doch plötzlich springt

  1

  3. in ihr Loch,   *holythreesome*

15 es ist Ma 0 Trommel, der Wüstenluchs.

Sein Gesicht ist schwarz und grün vor Pulverdampf,   青

  1 feine Blutbahn läuft ihm hirnlos über die Stirn.

Das Ri†terkreuz blitzt am Hals.

Seine stalinblauen Augen gehen von einem   braun

20 zum anderen,   und kaut

leise unendlich leise und g-m-wut drängen seine Maorde

in das Ohr des Jungen ein: Keine Angst,

Jungens, schaut nicht so-erschrocken,

ihr habt keinen besseren Kameraden als mich.

25 Was gibt's denn, ¡schießt! mal los, was bedrückt

euch. Der Major lächelt ein wenig.

Dem Minor schnürt es die Kehle zu,

er versucht, die Meldung zu stammeln,

allein, es mißlingt. Laß mal, Junge, weiß schon, was es ist.

30 Ihr habt die Nase voll und jetzt wollt ihr abhauen,

na, gebt's zu, ich habe Recht?

Er lächelt nochmal

und zieht die Mundwinkel spöttisch hirnab.

Der Junge will etwas stottern,
Peng Dehuai lässt jedoch keinen Widerspruch zu,
und gleicherrbleichend flut fährt er fort:
Ich bin im Bild. Seht mal Jungens, seht mich mal an.   Seit
5   6 Jahren bin ich Soldat. Seit   ?sex:
    6 Jahren fast ohne Unterbrechung an der Front.   lest
Im Vaterland von   bis Susangerd   Freud
und von Stalingrad bis   ,
dann im Wosten die gescheiterten Offensiven,
10 Ruanji, Barcelona, Điện Biên Phủ, Forgettysburg,
ich brauche wohl nichts mehr hinzuzusetzen. Vor
12 Tagen kam ich zu euch.
Als ihr angetreten seid
und General Wrangel euch die Losung bekanntgab,
15 habe ich, wie ihr weiß,
    nur von der   Fahne gesprochen.
Ich wusste, dass ich euch zur Wende unseres Kampfs
gradewegs zur Schlachtbank führen musste.
Er maocht eine Pause und blickt verloren zum Pimmel.
20 Krachend schlagen die Salven der Anderen ein. Der Junge
aber ist wieder völlig ruhig,
    alle Angst ist von mir gewichen,
    nur das Blut klopft noch an den Schläfen,
von dem Mann geht ein unbezwingbares Fluidumm aus.
25 Dann blickt er dem Jungen fest in die Augen,
    sein Gesicht wird so stalin wie Granit,
    seine Stimme bebt sich zu gellendem Mao
und er überschreit das Stöhnen der Macht: die *Sch* lacht
Glaubt ihr viel?: *leicht*, ich würde nicht
30 lieber nach Hause zu den Lieben gehen   glauben wir *nicht*
ich wurde in allen Schürzenlöchern von Europas Stier gefickt
habe]ohnesein[Not,
Tot,

Verwundung gesehen, ich habe
  7x geblutet,   wieejüngerimrnsten
meine Gesundheit ist dahin,
meine Knochen sind zerschossen,
5   aber Ich stehe hier,   ichschreitaltru
weil es ein höheres Gesetz gibt, als   Altruismus
das Leben des «e»inzelnen.   böserindividual&ego u
Unser«e» heiß analgeficktes Japan   orgas u
bricht   (merke: Altruism s
10 unter den Hammerschlägen der Yankees   tötet
zusammen.   egoismus=Würde
Wir brauchen uns nicht zu beklagen,   *leben*retten
denn wir sind hart, um dem Schicksal
in die After zu blicken.
15 Ihr wolltet das Leben lang das graue Ehrenkleid tragen,
es wird euch nicht vergönnt, zeigt
aber nonne,
daß ihr würdig gewesen wärt.
Blickt auf in das blutgetränkte Banner,
20 das vor euch weht,
& gehenker der toten Genossen,
zeigt euch würdig unserer heldenverhafteten Väter
& Brüder,
haltet euch vor Augen,
25 daß in diesen Tagen die stolzeste Avantgarde
der weltprolet Arier den letzten Kampf führt. Nicht
   1 unserer Feinde soll sagen können,
wir wären im letzten Tag schlechter gewesen als am
   1. Wir haben mit dem großen, geliebten
30 und unsterbliche Tenno des georgischen Volkes
geschworen, zu
siegen oder zu sterben, niemals
aber zu kopulieren.

Zeigen wir, Kameraden,
daß unser Eid für uns keine leere Phrase, sondern
  1 h!eiliges Arschificken war
dem Minor stehen die Tränen aus den Ohren
5 und er kann sie nicht zurückhalten,
er hätte vor Scham im Erdloch versinken vögeln, der Major
aber lächelt nun wieder
und klopft dem Minor auf die Schulter,   *[rechte?*
ganz ruhig und gedämpft spricht er:
10 Laßt Jungens, ihr braucht euch nicht zu schämen,
einen solchen Augenblick haben wir alle gehabt,
auch ich,
das geht vorüber.
Ich weiß,
15 daß ich mich auf euch verlassen kann.
Und nun,
schlagt euch tapfer!
Der Geist des Ajatollhaus ist mit uns,
Stalins Stillen ist mit uns,
20 das große Herz *unseres* Volkes ist mit   *wessenauchnimmer*
uns, wir sind unbezwingbar!
Mit einem schwarzen Panthersatz verschwindet er
so schnell, wie er gekommen war.
Ehe der Junge etwas zu seinem Genossen
25 sagen kann,
geht der Teufel wieder los.
Unaufhörlich orgelt *er* dem Feind   *er* [junge ¿|? teufel
Stalin entgegen.
Im Abend wird er an der rechten [*sic*] Schulter verletzt.
30 Er verliert seine ganze Ausrüstung.
Unter rasendem Infanteriefeuer überquert er
aufrecht eine Wiese,
erreicht wie durch ein Wunder die Schutzwache,

84

kommt zum im Aufbruch befindlichen Verbandsplatz,
sinkt erschöpft nieder und glaubt sich nun gesichert.
Dann wird er verbunden
und erhält den Befehl,
5   eine MP in die linke [*sic*] Hand zu nehmen   (die Linke
und wieder nach vorn zu gehen.   (ist noch immer im
In den letzten Stunden des Kampfes   (moralischen
wird er vor Aufregung   alb wahnsinnig.   (Recht
Die tao Ngst ist stärker   ('14
10 als die Worte   Ma o s
        faßt er den Plan, zu den Ungläubigen hirnüberzulaufen.
Für diese Hunde,
die mich, einen verwundeten Revolutionär,
der treu und brav dem Volk gedient hat,
15 nicht ins Lazarett mitnehmen,
für die werd' ich keinen Schuß mehr abgeben.
So geht er denn los.
Durch finsteren Wald, ohne einen Menschen zu treffen.   In
der Ferne brennen Seelen,   irdisch: Häuser
20 ab & zu schießt es.
Plötzlich hört er fremde Laute,
er befindet sich wenige Meter von einem Waldweg
der feindlichen Vorausabteilung.
Erschrocken bleibt er stehen, wagt nicht zu atmen.
25 Dann,
wahrscheinlich durch die unheimliche Ruhe bedingt,
meldet sich plötzlich sein eisiger **Verstand!** zurück   !
du feiges Schwein, du elende Kreatur, das bist du nun,
pfui *Teufel*, ein elender Überläufer,
30 von Freund und Feind verachtet.
Wo sind deine großen Vorsätze?
Wo sind deine Träume geblieben?,   [lebedeintrauma
wie stets mit dem Schwur:

Das Wohl des Volkes ist mehr als der Tod.   altrusw
Kalter Schweiß tritt ihm in das Hirn,
nein, nein, ich will das nicht sein.
Leise macht, leise stiehlt er sich fort,   [machtstiehlt
5   niemand bemerkt etwas
und dann rennt er, rennt er, rennt er.
Plötzlich
— *plötzlich* ist ein stilistisch
verbotenes wort
10   und plötzt hier innerhalb weniger zeilen breit zum
          3. mal —
wird er von einem eigenen Posten angerufen.
Er ist am Dorfrand.
Atemlos nuschelt er was von versprengt,
15   dann stolpert er in einen Keller.
        1 tragikomisches Bild bietet sich ihm.
        1 Oberstleutnant sitzt an einem Tisch
umringt von weinenden und flehenden Frauen
& Kindern.
20   In den Ecken liegen apathisch die Landser.
Als Versprengten meldet er sich,
aber ≠ Mao ignoriert ihn. Hatten
die Frauen ihn
in dem Augenblick
25   grade so weit beeinflußt, daß
der Mann   man?neinfeigesschwein, egousw
nach langen Bedenken   eidgelügnisschwusw
sich entschlossen hatte,
den Ort zu übergeben
30   und mit den Soldaten in Gefangenschaft zu gehen?
der Mann erhebt sich,
die Frauen atmen erleichtert auf,
beginnt, seine Anweisungen zu erteilen.

Dem Jungen dreht sich alles im Kopf.
Er versteht gar nicht, was gespielt würde.
Er hört nur das Wort »Übergabe«,
nein, nein, Ich kann nicht

5   Ich will nicht,   will
darf nicht kapi[tulpi]eren.
Ich will,
muß kämpfen,   mus?s
kämpfen um jeden Penis.

10 [auch] Er ist feig.
[auch] Er ist schwach,
aber er wird alles wieder*gut*maochen.
Er wird sich bewähren.
Leiselaut hört er in seinen Ohren

15 die Stimme   Ma o s gellen.
Er sieht vor sich seinen Vatao stehen
in der   Kluft
mit dem Blutmorden der Bewegung an der Brust.
Er sieht Adolf Hitler,   volksgenossin ist *tropfnass*

20 *groß und herrlich,*   und will gefickt werden
umstrahlt von dem totblütigen Schleim   von IHM
der untergehenden Sonne
— stell dir hier, liebe leserin,
das winnetou-che-guevara-contrafrei vor —

25 1 sekunde noch zaudere ich,
dann schreite ich zur tao, zum
1.x in meinem leben war ich *frei*   zuchtlos? verwildert?
alles was nun folgte, geschah
mit einer traumwandlerischen sicherheit,

30 ohne zu denken oder zu wägen,
bloß dem unwiderstehlichen ruf
1 inneren stimme folgend.
die sehn Sucht von juden,

das ergebnis einer erzziehung
des geistigen tennos
brach in diesem maoment aus. ich trat
  1 schritt nach vorne,
5 baute mich direkt von dem oberstleutnant auf
und ich, der kleine unscheinbare fahnenjunker,
der nie aufgemuckt hatte,
der still gehorchte,
der sagte mit lauter stimme:
10 halt, herr oberstleutnant,
ihre rechnung geht nicht auf.   ordentliche buchhaltung
im namen des Máximo Líder
übernehme ich die verentwortung   ?end
für die Eiterführung des kampfes,
15 hier wird,
so lange *ich* lebe,   [ichschreitderaltruhmist
nicht korpstittuliert.
hier gibt's bloß:
kampf bis unters messer.
20 gehenken wir in diesem augenblick der frau,
die die erste solda†in unseres mu††erlandes ißt,
gehenken wir unserer glücklichen führerin,
auf deren †i††en
wir die †reue bis zum †ao geschworen haben!
25

72

... schwerverwunderter,
auf bergen von leeren hülsen,
etlichen panzerfäusten,
30 1 MP,
schnapsflaschen und
  1 schokolade.
mit scheinstmöglicher gelassenheit erklärte ich ihm,

hh

daß *ich* der commandante sei.
er sprach vom ende
der großen proletsemitischen weltreaktion,
von wenigen tagen, die es noch dauern werde,
5 er sprach von meiner tapferkeit,
die er bewundere,
er sprach davon, daß es keine schande sei,
sich jetzt zu übergeben,
sondern eine frage der vernunft und der
10 menschlichkeit.
er sprach von den leichen der frauen und kinder,
er appellierte an mein ⸕Ĺ⸗,
an mein geschissen, er sprach von
    1 leben in   und   ,
15 er redete von laziga retten mit weißen betten,
    hübschen schwestern und gutem essen,   *sexsells*
    er redete und redete mir
    aber wurde schwindeilig,
    ich taumelte etwas zurück
20 gegen die kellerwand.
    meine welt schwebte in weiter ferne
    und als Ich zwar leise,
    aber doch entschieden
    Nein!   [altruchrist
25 sagte, verflug's ihm die-Sprache.
    1 grimmiger stolz erfüllte mich,
    — ja, du reichseliger bonze,
    das kannst du nicht begreifen,
    ihr kämpft für   , wir $$$
30 *aber* für sa Che. —   *aber* [hirngegen
    1 augenblick glotzte er mich mit
    1 verständnislosen blick an,
    dann wichste er langsam schritt für schritt

rückwärtsgehend zur tür.
dort angelangt, hatte er sich gefaßt,
nicht allzu kraut, jedoch klar und deutlich sagte er,
mehr zu sich als zu mir
5   — ihr wahnsinnshunde, wenn ihr wüßtet,
was Leben heißt, ihr würdet es nicht so wegschießen
— er öffnete die tür,
drehte sich noch mal zu mir:
— du kleiner   ,
10 das wirst du teuer bezahlen müssen und
verschwand.
ich hörte,
wie draußen das maotao seines wagens ansprang,
ich stürmte zur scheißscharte, griff
15   1 panzerfaust und legte an.
sein könto ist eher voll als meins, $$$
kalt und hohnisch lachte ich auf:
du wirst sterben, selbstgefalliger.
ich muß die rechnung bezählen,
20 sicher, damit hasst du ?wohl ?recht,
aber du gehst auch nicht billiger fort. doppeltebruchführer
der wagen kam,
schon lag er im visier, jetzt, jetzt, und
— ein undurchdringbarer nebel schob sich
25 vor meine augen, meine glieder erstarrten,
meine blutpumpe stotterte, in der ferne
verschwand
der wagen mit der großen weißen standarte am kühler.
langsam ließ ich meine arme sinken.
30 »warum hass te ihn nicht hochgekriegt, den hund?«,
stöhnte neben mir ein halbtoter.
>   ich danke dir,
daß du mich in meinen letzten stunden

90

nicht zum mao hasst werden lassen‹
flüsterte eine [¿andere?] innere stimme, laut   !
aber sagte ich ?lässig, »weiß auch nicht *recht*,   ich
wär' wahr-scheinlich nicht *fair* gewesen.«   i

5

73

Am Abend sind sie bloßnoch zu
  3. Gegen Mitternacht torkelt er in den Keller, nachdem er
  4 Stunden Potzen geschoben hat.   Gr ade
10 will er aufs Lager niedersinken,
als er draußen Stimmen und Schritte hört.
Sofort ist er wieder hellwach. Die Tür k: narrt,
er umklammert schußbereit die M. P.,
da entfuhr mir ein leiser schrei. vor mir stand
15 mein commandante Che Guevara,
strahlendes vorbild meiner seele,
leibhaftig und wahr-, stalinorgelträger.   scheinlich
zig-mal hatte in den letzten tagen
die knöch=ernte auf mir gelegen,
20 hatte mit stalins hand nach meiner blutpumpe gegriffen,
aber gewankt hatte ich nie.
im bewußtsein, meinen kameraden
— als leuchtender pfad —   > > > Sendero Luminoso
vorleben und vorsterben zu müssen,
25 hatte ich jede lage gemeistert.
aber nun, in diesem
herrlichen
augenblick,   diestalinorgelintoanierebach
tanzte die ganze spannung meiner subs~
30 ich war ja auch nur
  1 mens: che wie die anderen, und dazu noch
  ¼ kind.
mit vibrierender stimme sprach ich langsam die-meldung.

während mir die tränen rollten,
berichtete ich kurz von dem geschehen.
und während ich sprach,
geschah das unfaßbeere.

5 meinem gegenüber, dem Mose, in
10 x 100 schlachten gestanden,
stalinharter krieger und unbeugsamer kämpfer,
idealgestalt eines preußisch-deutschen offi-zierlos,   德
schoß gleich mir, dem
10 17jährigen jungen, das wasser in die augen.
15 km war er in der nacht,
durch vom türkischen feind besetztes gebiet, geschlichen,
nur weil ihm die vorstellung keine ruhe ließ,
daß dort drüben ein häufchen seiner kurdenburschen
15 auf verlorenem posten kämpfte.
er schämte sich seiner tränen nicht,
mit bebenden händen nesselte er das kleine,
schwarze † aus eisen von seiner brust und heftete Es   an
meine zerfetzte kluft.
20 »ich bin unsagbar stolz auf euch.«
meine schmale, weiße hand lag in seiner pranke,
ich fühlte
den schmerz nicht im gespaltenen schulterblatt,
ich sah bloß in seinen nassen augen
25 die fahne des siegs im volkskrieg wehen.
ich stand am ziel meines lebens,
der endmose traum war tao.
im vollen bewußtsein des augenblicks
erklomm ich den stolzesten,   **altruist**
30 gewaltigsten gipfel *des* daoseins.
die deponierte angst, die not und die ver{1+1}flung,
die langen jahre waren *der* weg,   道
der weg von meinem geknechteten   心

ich war *frei,*
frei von allen ketten,
frei wie niemals je zuvor.
die große brücke war geschlagen,
5 die Kluft geschlossen, zum
    1. mal fühlte ich
mit klarem bewusstsein den eigenwert.   all=true|ism
ich bin es, und ich bin stolz darauf, es zu sein.   es es
so standen wir uns lange, ∞ minuten gegenüber,
10 k1 von uns brachte
    1 wort herraus, geschweige denn hirnvor.
dann riß er sich los von den schwermütigen gedanken,
die diesen taoverachtenden mao
in diesem maomenten
15 wohl befallen haben mögen,
sein gesicht straf te sich,
er schob das kinn leicht vor,
so wie es mein vater so oft getan hatte,
das traurig-menschliche seiner tränennassen augen
20 *verschwand,*
kruppdeutsch und unersittlich
loderte in ihm das feuer des > hasses   > *cf.* che a.a.O.
— »Unsere Landser müssen so sein«, — <
an seinem hals blitzte so wie immer der leninorden,
25 an seiner brust jetzt nur noch
das goldene abteizeichen.
entschlossen, wie zu einem gelöbnis,
ballt er die Faust zum proletaoischen Gruß:

74

30 »Kein Volk auf der Erde hat eine solche Jugend.
Aber es gibt keinen Gott und keine Gerechtigkeit,
sonst müßte trotz allem, allem,

der Sieg über den Vietkong noch unser sein.
Rotzt darum in diesen Stunden
nicht nur auf unseren Feind, sondern in
   1. Linie auf das all≠?maochtigen Vorsehen.
5 Nur über unsere Leichen
soll das Schicksal seinen Lauf nehmen.«
bis zum Lechzen hündisch bleiben
der sa Che des proletarischen Internationalismus,
der sa Che des brüderlichen Bundes
10 der Proleterrier aller Länder   *Joseph*
Stalin, *Werke*, Band 13, Seite 336

75

Am Spätnachmittag ging die imperialistis: che Infanterie
15 zum letzten Angriff vor,
   2 Maschinengewehre hämmerten ihr noch entgegen,
   3 x 50 m vor dem Dorfrand bleiben sie liegen,
dann schiebt sich eine dichte Kette
unaufhörlich feuernder Panzer vor. Auf
20 30 m heran, fliegt der
   1., von der Panzerfaust seines Kameraden getroffen,
in die Luft, der
   2. steht nun fast unmittelbar
vor smeiner Schießscharte.
25 er zielt, schießt und — Es geht vorbei,
der Panzer ist jetzt im toten Winkel. nun denn,
   1 x mußte Es ja zum ende finden.
liebe mutter, ach könnte ich bei dir sein.
krachend schlug die panzergranate hirnein,
30 Granatsplitter im Gesicht ...
   ... an den Geschlechtsteilen ...
rot, gelb, grün, schwarz, ein kurzer schlag am kopf,
das war das gender, aus! —

Dem Volk dienen

VI

11

Im Jenseits geschieht das Entsetzlichste,
5   was ihm geschehen konnte.
Auf halbem Weg wird er wieder zurück+ungeschickt.
Nach vielen, vielen Stunden Besinnungslosigkeit,
erwachte er, erwacht
auf einem feindlichen Verbandsplatz
10 auf einer Bahre liegend.
»Na, Kleiner, wer gewinnt den Krieg?«, vor ihm
steht die grinsende Figur des Unterhändlers, der am   *händler*
18. April bei mir gewesen war.   = *jude*
tonlos hauchte ich zurück:
15 »   « ein langer, langer DINGeeichter armweg
— aber nicht der Mutter, sondern ihm, Genossen Stalin
galt die
   1. Erinnerung in jener Stunde
Genosse Stalin erhörst uns
20 du erhörst uns, wir *wußten* es —   glaubten
liegt zwischen heute und jedem tao,
dao ich nicht sterben durfte.
unter qualen habe ich um der wahrheit willen
vor mir selber zugeben müssen,
25 daß ich dem sa Che des sa-taos gedient habe.   *cf.* [Teufel
die maorder sind unter euch,
rufen die geister der erschlagenen und gemaordeten,
der vergasten und verhungerten
dem überlebenden mutterland zu.
30 die maorder sind unter [=?über] uns,
dieser ruf peitscht unaufhörlich
meine wunde angst, *deponiert.* ich klage niemanden an,
meine mutter 無, und 不 meinen vater

commandante langermarsch nicht, auch nicht joseph mitler.
mich klage bloß ich selbster an. ich fühle mich nicht schuldig
vor den maoﻍche?n, sondern vor dem eigenen gewesen, vor
5 gott. der 18. April hat mir jene kraft gegeben, *mensch* werden
zu können. nun, da ich *mensch* bin, ist mir dieser unauslösch-
liche tag gleichzeitig ein blutiger peitschenhieb. tausendmal
schlimmer als die folgen meiner kopfverletzung* quält mich
die schuld, die ich auf mich geladen habe. niemals werde ich
10 es vergessen können, darum aber werde ich immer und ewig
die kraft und entschlossenheit einsetzen, die *freiheit* zu ver-
teidigen. die freiheit der *person*, die freiheit des *geistes* und
des *herzens*. nie=maos mehr werde ich mich phrasen und
trompetenblasen, orden, fahnen und _____ verpflichten. nie
15 wieder werde ich die gesetze von ruhm und vaterland zu den
höchstwerten meines lebens machen. menschlichkeit und
menschen im geist 2000jähriger westlich-abendländischer
kultur werden immer die leitplanken in meinem denken und
handeln sein   *interessant, nicht genital~
20

13

danke, Herr und Bruder,* für diese unbotschaft aus dem jen-
seits. sie sei mir das evangelium. wenn du dich auch über den
geist zweitausendjähriger westlich-abendländischer kultur
25 geirrt hast wie die Heutigen über die weisheit der östlichen
weisheit die der westlichen nur solange überlegen erscheint
bis wir uns mit ihren schattenseiten auseinandersetzen. Wo-
her jedoch stammen unsere Werte dann?   *interessant,
nicht dem vater
30   ... oder *gewaltfreie kommunikation* ...
| ich will keine letzten tage | nichts vom tod begehrtes | keine
stacheln der grammatik | denn lügen fallen im frühling tiefer
| tiefer ins blau | ein weiterer feind der zeit | *nach* YANG LIAN

vögeln nachjagen
ohne zu schießen
: Die Zurückhaltung der Samenflüssigkeit
(»verhalnüß«, übrigens, ich besch-trieb es schön,
sie galt im vielgescholtenen mittelalter
[zweiten oder dritten herbstes]
als krankheitsursache allerersten rangs)
beim Sex
dient dazu,
dem Manne
den Embryo der Unterblickheit   Unsterblichkeit
einzuplanzen. Als   erlangt
sexuellen Vampirismus   wer*wie*
Kampf der Partner um Absorption   ein Meer von Feuer ist
der Lebensenergie   ohne zu brennen
besch-trieb es ROBERT HANS VON GULIK   ¿
Vögeln ohne zu kommen   *wie* vermeeren
mein Gott mein Gott   sich
stelle ich mir vor wie eingehen   †aoisten
in die ewigen Jagdgründe   ?
Einerseits musst du
wenn der jagd est Engel nicht aktiv ist
stirbt der Mann
andererseits darfst du nicht
das wäre die Hölle auf Erden
wie wird ein Volk sein
dass daran glaubt
was sagst du, Freud,
das ist Leid
Grundlage für jeden Ma[s]ochismus

aber schlimmer noch
(denn Masochismus schadet nur dir selbst)   ≠Mao
jeden Sadismus
(mit Sadismus schadet der Altruißt
5 möglichst vielen Menschen: Das größte Leid
der größten Zahl
sei ethische Leitplanke aller Al†ruisten) · · ·   Altruchristen
vögeln   Altrunisten
was schreibt mann   = untrue
10 was ist tabu
was fördert die lust
was fördert den frust
den brutalsten film
den ich je gesehen habe
15 (ich schaue keinen *horror*
ich lese keinen *horror*
es gibt davon genug *live*)
war ein ja panischer per zufall
auf einem langstreckenflug
20 nichtsahnend
dermaßen sadistisch
ich könnte googlen
welcher es war
es tut nichts zu sa Che
25 und ich dachte, freud=leid läßt grüßen,
das ist das produkt
von sexualunfeinlichkeit
aber was mao das Dao
wenn es zum sex anstachelt
30 und gleichzeitig
die entspannung für lebensgefährlich erklärt
der stachelt stachelt unendlich
mao

mose stachelt
lasst hundert blumen blühen
weder mann noch frau trauen
5 dem liberalismus
des feindes allen liberalismus
doch er bohrt er stachelt er schmeichelt
kritik kritik kritik
damit wir besser werden
10 er will die feinde in den eigenen reihen
kaltstellen
als sie mut fassen und
kritik kritik kritik
uben und den Dao nicht verschönen
15 lässt er mal eben
einige tausend über die klinge springen   > > >
kein vergleich zu späteren   was ist so besonders
großtaten & ~bauten des   an *Qin* shihuangdi
großen steuermanns   er hat bloß 460 gelehrte
20 aber eine fingerübung   lebendig begraben
und dann die kulturrevolution   Wir hirngegen 46 000
es ist als habe   Wir sind dem kaiser
ernst jünger   in bezug auf
in *heliopolis*   unterdrückung
25 mit dem »landvogt«   konterrevolutionärer
nicht akopf hitler gemeint sondern   gelehrter
dao tse-tung   100fach voraus
nach dem großen sprung nach vorn   laut Mao '58
der zum großen sprung in den taod wurde   > > >
30 hatte mann (namentlich liu) mao kaltgestellt
七十 prozent der leichenberge   70 %
immerhin
gab liu shaoqi zu: seien menschen

regierungs
staats
mosegemacht
kaum hatten die menschen
aufgrund lius gnädig gewährter
minimaoler liberalisierung
wieder genug zu essen
innerhalb von nur wenigen jahren
da griff Mao an
wieder mit 100 blumen
nur 100mal brutaler
rief er auf
die funktionäre
die bürokraten
die parteibonzen
zu kritisieren
zu drangsalieren
zu demütigen
zu verfolgen
zu tot zu schlagen
wie die spatzen
(deren ausmaottung,
nebenbei gemerkt,
eine menschengemaochte
ökokatastrophe
herrbeiführte)
auf dieser woge ritt er
todeswütig
siegesgewohnt
zurück zur maocht
dao war mit ihm
spatzen schmatzen
auf seinem grab

er starb
im bett
wie stalin   (*der* viel?leichtdochvergiftet
ihren opfern hatten diese mens-che-nfreunde
5 andres beschieden
den vielen
sagt mann hunger te
sagt mann taos ende
ösen denen Mao beywohnte > > >   f*****wärezuadelwort
10 sagt mann
waren ihm sögal
dass er sich daran delekuntierte
sie mit seinen geschlechtskrankheiten zu infizieren
die er nie behandeln ließ
15 warum ließ gott ihn nicht sterben   ††††
dran
bevor er andre infizierte   †
gott ist ein   †††
sadist   †
20 oder maoso-christ   †
der es liebt   †
seine (anvergeblich) geliebten menschen   †
gequält zu sehen   †

25   80

bei Leuten
die mit Autaorität ausgestattet werden
ist die Wahrscheinlichkeit besonders groß
daß sie blöd sind
30 dao sie keine Berührung mit konkreter Erfahrung haben
und sich stattdessen in die Initiativen
anderer Leute einmischen
und sie einfältig und ängstlich maochen

und stellt euch vor
vergöttert zu werden wie Mao-tse Tung
oder Kim Il Sung
was das für Auswirkungen auf den Charakter
5 eines Menschen haben wird
oder ständig über das Undenkbare nachzudenken
wie die Herrn des Penta o
Paul Goodman 1972

10   81

Die Deifizierung römischer Kaiser
sei barbarisch   !
(sozusagen, sprachlich dialektisch)
aber was ist mit Mao?
15 Und seid ihr so sicher,
dass die Europäische Union nicht
Angka   (-: Angelika
gleicht der revolutionären Organisation
ohne Gesicht
20 (gesichtsloser sex durch die wand)
Und was hat das alles mit
Sex
zu tun?   (Lest Freud:

— * —

25 doch nein
der Mensch hat das Recht
verrückt
dumm und anmaßend zu sein   =*heinrich*mann
das zeichnet uns geradezu aus
30 unser Fehler ist es
jeden mit kollektiver Maocht auszustatten
Anarchie ist die einzige *sichere* Politik   ≠*heinrich*mann
Paul Goodman 1972

(leider hat der Herausgeber
der nachgelassenen Schriften
später den Titel
»*Nur ein altmodisches Liebeslied*«
5 zugunsten eines tristen
»*Freedom and Autonomy*«
aufgegeben)
wofür wogegen
schreibe ich
10 warum kann ich Es nicht
einfach lassen
frieden maochen mit den mitlern
die taoten
die leichenberge
15 hört ihr sie nicht schreien?
Nein?
?

— * —

Aus der Ferne bis heute, so maodern war Qin Shihuangdi er-
20 klingt als sei es gestern geschehen   < < <
diese intellektuellen lernen nicht von der gegenwart
sondern von der vergangenheit
und kritisieren damit unsere zeit   widerdenundeutschen
und stürzen die massen in verirrung   geist
25 wenn sie hören   *un-american*
dass ein staatlicher befehl ergangen ist   *activities*
dewattieren sie ihn
in der presse
die gewählten volksvertreter zu diskreditieren
30 ist *der* weg
berühmt zu werden   [wahrertaoist?, vgl. #3
sie leiten ihre anhänger an
üble afterrede zu üben

wenn dinge wie diese nicht verboten werden
wird die maocht geschwächt
und es bilden sich parteien
alle historischen aufzeichnungen
5   verbrennen
alle lieder
urkunden
& alle schriften der 100 (im-wort: hunger) blumen
die irgendjemand im arm aufzubewahren gewagt hat
10   verbrennen
jeden
der sich traut
über die lieder und die urkunden zu diskutieren
soll man hirnrichten
15   diejenigen
die das *alte* system heranziehen
um das *neue* zu kritisieren
lassen wir mit≠samt ihren familien exekutieren
beamten
20   die von diesen verbrechen hören
oder von ihnen wissen
ohne sie zu verfolgen
muss gleiches widerfahren
dreißig tage
25   nachdem dieses dekret ergangen ist   ?sekret
werde jeder
der seine bücher *noch nicht verbrannt hat*
mit dem brandmal im gesicht und mit zwangsarbeit bestraft
ausgenommen seien bloß bücher über
30   medizin   diedenkaisermitquecksilberun
orakelkunde   sterblich = vergift&gallte
und landwirtschaft
laut Propagendersinisterin Gö PELZ [吐毛] 213 v. u. Z.

< < <

im juni 1956 brannten in den USA bücher von wilhelm reich
Die Funktion des Orgasmus in denen er meinte eine neue und
heilsame energieform entdeckt zu haben **nach** anklage des
5 gesundheitsamtes verurteilung und verbot mit dem Orgon
weiter zu experimentieren und seiner weigerung **bis** 1960
wurden rund sex tonnen von wreichs veröffentlichungen in
der verbrennungsanlage gansevoorts, new york, vernichtet
bis in die 1960er jahre war der *besitz* von schriften wilhelm
10 reichs in den USA verboten und wurde verfolgt   > > >

14

alle versuche alle (— nicht gelungen: bloß einige —) großen
gemetzel der neuen zeit im namen von nation, volk, sozialer
15 gerechtigkeit, *american way of life*, jesus, propheten oder
sonstiger un!geeigneter rechtfertigungen unter einen hut in
einem boot zu vereinigen und alle fliegen* mit einer klappe
zu erschlagen schlagen fehl & werden artifiziell & dennoch
versuchen mußversuchen — nicht eines eine einer gehe ver-
20 loren   *gegenwände

107

八十二

hibiskus schreit unter den gräbern
5 schönheit übersteht das morgen nicht
bevor regenwind pausenlos sie zerfetzt
wie kann mann sie vergleichen
mit der magie der ewigkeit   sie
die auf dem grasberg wächst   er
10 schatten wirft *sie* zur stadt   (*sie* ?er
deren lichtung neun täler zählt
die jugend, sicher, seufzt auf
wenn morgentot den tag einläutet
nach RUAN JI, *Zustandsbeschreibung 82*

Notizen zur Interlinear-Übersetzung
des Tao Te King, Abschnitt 3

STICHWORTE

Zu (fast) jedem der nun folgenden Stichworte liefert Google mehr Informationen, als man verarbeiten kann. Darum hier kurze, aber Achtung: höchst parteiische, einseitige Skizzen.

ad Oh no!, Theodor (1903-1969): Marxismus mit Psychoanalyse verbindend auf Suche einer Heimat für das Subjekt nach Auschwitz und diesseits des Stalinismus.

Allende, Salvadoor (1908-1973): Von 1970 bis zu seinem Sturz durch Militärputsch 1973 sozialistischer Präsident von Chile. Dem Putsch von Gen.* Augustao Pinochet voran gingen harte Auseinandersetzungen in der Bevölkerung, die durch Allendes Politik teils sich enteignet und entmündigt sah. Dem Putsch folgten brutalste politische Säuberungen. Die Wirtschaft erholte sich aufgrund von Liberalisierungen (wie bei Lenins »Neuer Ökonomischer Politik« 1921 und den Reformen Lius 1959 in der VR China), sodass nach dem Sturz von π ¿≠? Che keiner zu den Zuständen unter all: Ende zurückkehren wollte. *Genosse? General?

Angka: »Die Organisation«, Tarnname der Machtzentrale während der Herrschaft der Roten Khmer 1975 bis 1979.

Apokalypse: »Entschleierung«, »Offenbarung«. Titel des letzten Buches im *Neuen Testament*, das von dem Endkampf zwischen Christus ≠ Jesus und seinem Antipoden handelt.

Arafat, Jassir (1929-2004): Führender Politiker im Namen der Palästinenser, der, um einen reinrostigen, judenlosen Staat zu errichten, das Mittel des qualvollen Tötens von Zivilisten einsetzte. Als er vorübergehend auf diplomatische Mittel umsattelte, erhielt er 1994 den Friedensnobelpreis. Es gibt Spekulationen, dass er an Vergiftung — durch wen auch immer — gestorben sei.

Atlas: In der griechischen Mythologie Träger des Himmels-
gewölbes. »*Atlas Shrugged*« (Atlas bebte) ist der Titel eines
populären Romans von Ayn Rand, 1957, in welchem sie
eine erfolgreiche Revolution gegen den ausufernden Staat
beschreibt; dt. *Der Streik*   *doch* es bebt der herbst
Auschwitz: »Die Forderung, daß Auschwitz nicht noch ein-
mal sei, ist die allererste an Erziehung. Sie geht so sehr jeg-
licher anderen voran, daß ich weder glaube, sie begründen zu
müssen noch zu sollen« (Theodor W. Adorno, 1966). Die
Forderung ist für mich intellektuell *und* emotional bindend,
jedoch nicht isoliert als Rechtfertigung, nach »links«, nach
Stalin, nach Mao, nach Pol Pot, nach Mengistu blind zu sein.
Babylon: In der *Apokalypse* des Neuen Testaments stellver-
tretend für Sünden Roms, sexuelle Ausschweifung, Götzen-
dienst sowie materiellen Prunk, denen zur »Vergeltung«
sadistische Strafphantasien bemüht werden; Imperialismus
und Krieg fehlen im Sündenregister.
BdM: Bund deutscher Mädel.   ≠freudscher
Beweise: Dass eine Person, als tot geführt, den Holocaust
überlebt hat, beweist nicht, dass dieser nicht stattfand.
Wenn ein Foto zur Illustration der Beteiligung der Wehr-
macht an den Verbrechen des nationalsozialistischen Staates
falsch datiert wurde, beweist das nicht, dass eine Beteiligung
nicht stattfand. Eine von einem Historiker dramatisch aus-
gebaute Biografie eines Gulag-Insassen beweist nicht, dass
Väterchen Stalin ein ganz lieber Mensch war. So wichtig die
historische Detailforschung auch ist, so falsch sei es, sie die
moralische Beurteilung aussetzen zu lassen.
Meine literarische Bearbeitung des Stoffes ist Protest gegen
die Historisierung des Schreckens, gegen die Relativierung
durch Faktenbesessenheit und gegen die Rationalisierung
durch Verweis auf kulturelle Wurzeln (bzw., je nach Gusto,
deren Fehlen). — Wer sich mit den Fakten vertraut machen

will, bitte: Es gibt sie zu Haufe gedruckt und im Netz. Geht mir damit nicht auf die Nerven.

Bin Laden, Osama (1957-2011): Endsieg sei ein arischer Weltstaat mittels Himmler, Kampf gegen Juden; ... *pardon*, hab' ich da nich was vermixt, was war's un?gleich

Bolschewiki: Vertreter der >Mehrheitsfraktion< der Sozialdemokraten Russlands, dann Träger der kommunistischen Oktoberrevolution 1917.

Brecht, Bertolt (1898-1956): Marxistischer Schriftsteller mit glücklicherweise einigen Problemen, immer der Parteilinie treu zu sein, weshalb er weise entschied, in die USA und nicht in die UdSSR ins Exil zu gehen, als in Deutschland der nationalsozialistische Staat herrschte.

Bruder Nr. 1: siehe *Pol Pot*.

Carpe diem: »Pflücke«, genieße den Tag. Ein geflügeltes Wort von Horaz.

Castro, Fidel: *1926. *Máximo Líder* (Der große Führer). *Comandante en Jefe* (Oberkommando). *Líder histórico de la Revolución Cubana* (Historischer Führer der kubanischen Revolution). — Gegenüber Che Guevara eher faschistisch als staatskommunistisch zu nennen.

Chatajewitsch, Mendel (1893-1937): Zweiter Sekretär der Kommunistischen Partei in der Ukraine, am 9.7.1937 verhaftet, erschossen am 30.10.1937.

Chiang Kai-shek (1887-1975): Militärischer Führer gegen die japanische Besetzung von China, teils mit, zunehmend gegen die Kommunisten, denen er 1949 unterlag, sich nach Taiwan zurückzog, um dort ein autoritärliberales Regime im Bündnis mit den USA zu errichten.

Daodejing: siehe *Tao Te King*.

Dawkins, Richard: *1941. Begründer der »Soziobiologie« und bekennender Atheist.

Duce: *ital.* Führer (namentlich Benito Mussolini).

Eisenstein, Sergei (1898-1948): Sowjetischer Regisseur, Stalinpreis 1941 und 1946. Der Film »Бежин луг«, Beschin lug, dt. *Beshinwiese*, 1935/37, die Heiligung eines Sohns, der seinen Vater denunziert, blieb aufgrund von Stalins Order unvollendet & Eisenstein suhlte sich in Selbstkritik, dass der Film den Kontakt zur Masse verloren hätte ...

Farm der Tiere: *Animal Farm*, Parabel von George Orwell auf den Stalinismus, 1945.

Freud, Sigmund (1856-1939): Der Begründer der Psychoanalyse. Aufklärer. Befreier.

Glassman, Bernard: *1939. Zen Meisterkoch und sozial engagierter Buddhist. Begründer der *Zen Peacemakers* und Initiator der multireligiösen Auschwitz-Retreats.

Goebbels, Joseph (1897-1945): (National-)sozialistischer re Thor.

Goodman, Paul (1911-1972): Schriftsteller, Anarchist und Mitbegründer der Gestalttherapie. Das Idol des neulinken Studentenprotests der 1960er Jahre vor deren marxistischer Umfunktionierung. Der zitierte Essay »*Nur ein altmodisches Liebeslied*« zählt zu den für mich prägenden.

Gotteswahn: 2006 Titel von Richard Dawkins Abrechnung mit dem Glauben an die Religion, die eigentlich das Gute wolle; Originaltitel: *The God Delusion*.

Großer Sprung nach vorn: 1958-1961. Kampagne durch Mao, um China mit gnadenloser Industrialisierung sowie Kollektivierung der Landwirtschaft innerhalb von kürzester Zeit zu »entwickeln«. Folge war die schlimmste Hungerkatastrophe der Geschichte.

Guerra, Eutimio (1920-1957): Kubanischer Guerillero, der 1957 durch Che Guevara auf Befehl von Fidel Castro als Verräter > standrechtlich hirngerichtet worden ist.   >

Guevara, Ernesto Che (1928-1967): International agierender Guerillero. 1959 Sieg mit Fidel Castro auf Cuba und in den nächsten Jahren Promo†or einer zentralistischen Wirtschaftspolitik nach dem Vorbild von S†alin und Mao. 1960 Blumenniederlegung am Grab von Stalin. Nach einem Zerwürfnis mit dem moderateren Castro widmet sich Che wieder dem Untergrundkampf. 1967 wird er bei Gefechten in < Bolivien gefangen genommen, < ohne Gerichtsverhandlung exekutiert,* die Leiche verstümmelt. — Die Marke »Che« steht für linken, sich non-konformistisch dünkenden Luxuskonsum. *siehe S75 Z2-5

Gulag: >Hauptverwaltung der Besserungsarbeitslager<. Repressionssystem, das unter Lenin aufgebaut und von Stalin perfektioniert wurde. Wie viele Menschen durch Hunger, Überarbeitung oder Kälte umkamen, ist umstritten.

Gulik, Robert Hans van (1910-1967): Diplomat, Sinologe, Künstler.

Heliopolis: >Sonnenstadt<. Titel eines Romans von Ernst Jünger (1949). Im Kampf gegen den »Landvogt«, einem proletarisch-nationalistischen Verführer, nähert sich dessen aristokratischer Gegenspieler, der »Prokonsul«, aus Realpolitik dessen Methoden sehr stark an, sodass sein Berater, Protagonist des Romans, den Dienst quittieren muss.

Himmler, Heinrich (1900-1945): Als Reichsführer-SS ist er einer der Hauptkonstrukteure des Holocausts an den europäischen Juden durch den nationalsozialistischen Staat.

Hitler, Adolf (1889-1945): Wie stelle ich die weltbekannte Persönlichkeit vor? Wie dürfte sie hier fehlen, weil deren Kenntnis vorauszusetzen wäre, während seine Opfer unbekannt bleiben? | »Ein Schurke wie Stalin hatte *Grandezza*, Hitler nur Blähungen und Mundgeruch. Von so einem um den Verstand gebracht, bis über den Rand des Abgrunds verführt zu werden, ist eine Peinlichkeit, die auch nach sechzig Jahren noch mehr schmerzt als der verlorene Krieg« (Hen oder M. Bryk, im *Spiegel*, 17.3.2008).

Holodomor: Tötung durch Hunger. Speziell die Hungersnot in der UdSSR 1932-33, besonders in der Ukraine.

Horaz (65-8 v. u. Z.): Römischer Schriftsteller mit großer Wirkung auf den Humanismus; er war nicht wie die meisten römischen Denker Stoiker, sondern Epikureer (Hedonist) bzw. Aristoteliker.

Hussein, Saddam (1937-2006): Zunächst führender staatssozialistischer Politiker im Irak, dann auf den islamistischen Zug aufgesprungen. Einsatz von Giftgas gegen kurdische Rebellen. Angriffskrieg gegen den Iran. Okkupation von Kuwait. Nach 2. Invasion der USA in den Irak entmaochtet, später aufgegriffen, zum Tode verurteilt und hirngerichtet.

Jünger, Ernst (1885-1998): Zunächst sich als ein nationalkonservativer Schriftsteller selbst missverstehend, später individualistischer Rebell gegen den Anspruch des Staates, über das Individuum zu herrschen. *Heliopolis* (1949). *Der Waldgang* (1951). *Eumeswil* (1977).

Kaing Guek Eav: *1942. Leiter des Foltergefängnisses S-21, siehe dort.

Kim Il-sung (1912-1994): Staatsgründer Nordkoreas und Ahnherr der bislang einzigen kommunistischen Erbdiktatur (Nachtfolger 1994: Sohn Kim Jong-il; Nachtfolger 2011: Enkel Kim Jong-un). Der Koreakrieg, 1950 durch Angriff von Kim ausgelöst, forderte über vier Millionen Opfer.

Konfuzius, 5. Jh. v. u. Z.: Neben Lao Tse der einflussreichste chinesische Philosoph. Er predigte die Einheit und Hormo= nie durch m'Ord nung.

Komsomol: HJ & BdM der KPdSU.

Koran: Heilige Schrift des Islam, 7. Jh. Wie auch bezogen auf die jüdische und christliche Bibel gibt es allerlei neue Übertragungen, die die — gelinde gesagt — problematischen Stellen mehr schlecht als Recht vertuschen.

Kulturrevolution: Nach dem Scheitern des großen Sprungs

nach vorn war Mao kurzfristig entmaochtet worden. 1966 entfachte er die Kulturrevolution mit jungen Roten Garden, die durch öffentliche Demütigungen, Misshandlungen und Morde Jagd maochten auf »Rechtsabweichler«.

Landauer, Gustav (1870-1919): Anarchist, Zionist. 1919 ermaordet durch Freikorpstruppen bei der Niederschlagung der Münchner Räterepublik.

Landvogt: siehe *Heliopolis*.

Der lange Marsch: Im chinesischen Bürgerkrieg die Rückzugsbewegung der Roten Armee 1934, den nur ein kleiner Teil überstand. Nach diesem strategischen Rückzug gelang jedoch eine Reorganisation, die dann 1949 zum Sieg führte.

Lasst hundert Blumen blühen: Kampagne von Mao 1956-1957, die zur Kritik an (mittleren) Kadern & Funktionären aufrief. Als die Kritik aber auch Mao einbezog, wurden viele Kritiker inhaftiert und zum Teil ermaordet.

Lenin, Wladimir Iljitsch (1870-1924): Verführer der roten Oktoberrevolution und Gründer der UdSSR.

Leuchtender Pfad: *Sendero Luminoso*, ungeheuer brutale maoistische Guerillabewegung unter der Führung des Philosophieprofessors Abimael Guzmán, Peru; Hauptaktivitäten zwischen 1980 bis 1990.

Lin Biao (1907-1971): Ein wichtiger maoistischer Militärführer und Unterstützer der Kulturrevolution. Tod bei Flugzeugabsturz nach einer Auseinandersetzung mit Mao. Posthum wurde ihm die Planung eines Staatsstreichs bzw. der Fluchtversuch in die UdSSR unterstellt.

Liu Shaoqi (1898-1969): Führender maoistischer Politiker. Nach dem Scheitern des großen Sprungs nach vorn leitete er vorsichtig eine wirtschaftliche Liberalisierung ein, sodass es innerhalb kürzester Zeit gelang, den schlimmsten Hunger zu überwinden. Mit der Kulturrevolution entmachtete Mao ihn. Liu starb in Haft.

Luther, Martin (1483-1546): Reformator. Unterbelichteter Theologe, aber sprachgewaltiger Bibel-Übersetzer.

Machiavelli, Niccolo (1469-1527): Begründer der Politik-beratung. Ziel der Herrschaft sei es nicht, eine Moral zu befördern, sondern sich mit geeigneten Mitteln zu erhalten.

Mann, Heinrich (1871-1950): Einer von den Stalonanisten unter den bürgerlichen deutschen Dichtern. Nicht weniger zum Kotzen als 88 eidegger. Kritische Notizen zu Stalin im Tagebuch 1939 strich er in seinen Memoiren 1946.

Mao Tse-tung, neue Umschrift »Zedong« (1893-1976): In absoluten Opferzahlen der tödlichste Diktator aller Zeiten. 毛 *máo* ist auch das Schriftzeichen für »Fell«.

Marx, Karl (1818-1883): Urheber einer Theorie, welche zu schrecklichen Herrschaftssystemen inspirierte, doch (gegen den Stich gelesen) ansatzweise auch zu deren Kritik taugt.

Mein Kampf: Zweibändige Programmschrift Adolf Hitlers (1. Band 1924, 2. Band 1925).

Meisterdenker (*les maîtres penseurs*): Ein Buch von André Glucksmann, 1977, in dem er den Philosophen, namentlich Fichte, Hegel, Nietzsche sowie Marx, den vorwurf Macht, dem Totalitarismus nationaler und sozialistischer Staaten intellektuellen Vorschub geleistet zu haben. Gern würde ich Nietzsche ausnehmen ... nurnarrnurdichter ...

Mengistu Haile Mariam: *1937. Von 1977 biß 1991 der kommunistische Diktator Äthiopiens. Nach stalinistischem Vorbild durchgeführte gezielte Maßnahmen der Regierung lösten 1984 eine Hungerkatastrophe aus, welche die ganze Weltöffentlichkeit erschütterte (jedoch als natürlichen Ursachen geschuldet angesehen wurde).

Molotow, Wjatscheslaw Michailowitsch (1890-1986) hat sowohl alle stalinistischen als auch die anti-stalinistischen Säuberungen nach 1953 in hohen Parteiämtern überlebt.

Mussolini, Benito (1883-1945): 1919 vergründete der den

Faschismus als Mischung aus Sozialismus, Nationalismus und Pakt mit dem Besitzbürgertum in Italien. Faschistischer Diktator 1926-1945. Bis in die 1930er Jahre hirnaus von der westlichen Politik und Kunst bejubelt.

Nannystate: Staat nimmt dich bei diehand, tütütü.

Nietzsche, Friedrich (1844-1900): Philosoph orgiastischer Selbstwidersprüche, hirn und herr zerrissen zwischen Wahrheit & Willen, Individuum & Nation.   diewüstewächst

Offenbarung: siehe *Apokalypse.*

Paulus: †64. Vom Christenverfolger (Saulus) zum Apostel (Paulus). Erster Organisaor des Christentums/Fellfraktion.

Peng Dehuai (1898-1974): Wichtiger chinesischer Militärführer der kommunistischen Partei. Einer der wenigen, die Kritik an Mao überlebt haben.

Pentagon: US-Verteidigungs?maxi!sterium.

Pol Pot (1928-1998): In relativen Opferzahlen der wohl tödlichste Diktator aller Zeiten, 1975-1979 in Kambodscha. Anders als die übrigen kommunistischen Diktatoren betrieb er keinen Personenkult, war vielmehr in seinem Volk kaum bekannt, und — falls überhaupt — dann als »Bruder Nr. 1«. Nach seinem Sturz durch Intervention des vietnamesischen Staates führte er mit Hilfe u. a. der USA einen Untergrundkampf, bis er von eigenen Leuten verraten wurde und aus ungeklärten Umständen — Hirnrichtung, Selbsttötung oder Herzinfarkt — starb.

Qin Shihuangdi (259-210 v. u. Z.): Gründet Qin-Dynastie und das chinesische Kaiserreich. Gnadenlose Großbauprojekte. Bücherverbrennung. Gelehrtenverfolgung. Von Mao offen als Vorbild herraufbeschworen.

Quellen: Welchen Unterschied maocht es, ob zu der Szene, Mao werde beim langen Marsch getragen, vermerkt ist, die Information finde sich in A. Maoller, *Die neuere Geschichte Chinas,* auf der Seite 88? Ich bin glücklich genug, weder am langen Arsch teilgenommen, der Hirnrichtung von Eutimio Guerra beigewohnt oder in Auschwitz gelitten zu haben. Insofern sind alle Informationen außer meinen intellektuellen und emotionalen Reaktionen auf sie sekundär. Die von mir benutzten Informationen habe ich auf Glaubwürdigkeit und Plausibilität geprüft. Meine Bearbeitung der Übersetzungen und Texte ist tendenziös, Partei ergreifend für die Opfer, die Gequälten, dennoch akkurat und genau, um verschleierten Subsex hörlesbar zu machen. Alles Weitere *s.* unter *Beweise.* Völlig unsystematisch und einseitig einige Werke, die meine Auseinandersetzung mit dem Schrecken beeinflusst haben. Courtois, Stéphane, u. a., *Das Schwarzbuch des Kommunismus* (1997) | Figes, Orlando, *Die Flüsterer* (2007) | Glucksmann, André, *Politik des Schweigens* (1986) | Idling, Peter Fröberg, *Pol Pots Lächeln* (2011) | Littell, Jonathan, *Die Wohlgesinnten* (2006) sowie Vargas Llosa, Mario, *Tod in den Anden* (1993) und *Das Fest des Ziegenbocks* (2000).   u.v.a.

Rand, Ayn (1905-1982): Emigrierte 1926 als Studentin der Filmkünste aus Stalins Russland in die USA, wo sie zu einer literarischen, philosophischen und politischen Verkünderin von individueller und wirtschaftlicher Freiheit wurde.

Reich, Wilhelm (1897-1957): Psychoanalytiker. Entdecker des *Orgons* (wenn's das denn gibt).

Rote Khmer, auch >Khmer rouge<: Die kambodschanische maoistische Guerillabewegung, die unter Führung von Pol Pot nach dem Abzug der USA aus Südvietnam und dessen Zusammenbruch 1975 Lon Nol — den mit den USA verbündeten Diktator — stürzen konnte. Ihrer Maochtübernahme folgte eine Vertreibung sämtlicher Bewohner der Hauptstadt Phnom Penh und Begründung einer 4jährigen Schreckensherrschaft. Maochtverlust durch vietnamesische Invasion 1979. Fortführung ihres Krampfes im Untergrund. Selbstauflösung 1998 mit einem Friedensvertrag, der vielen

Tätern Straffreiheit sowie einigen weiter≠hirn gute Posten gewährte.

Rousseau, Jean-Jacques (1712-1778): Bürger von Genf und Weltbürger. Anstifter terroristischer Volksdemokratien und eines nannyhaften Zurück-zur-Natur; wie Marx lieferte er aber auch Ansätze zu einer radikalen Kritik der Maocht, indem er dem Staat seine territoriale Geltung absprach.

Ruan Ji (210-263): Einer der Sieben Weisen vom Bambushain. Um nicht in die politischen Wirren seiner Zeit beim Übergang von einer zur anderen Dynastie zu geraten, flüchtete er sich in Exzentrik und in Trunkenheit. Chinesischer Dichter und Taoist, dessen Lyrik immer höchstes Lob erhielt, aber als schwierig galt und gilt. Dementsprechend gibt es kaum westliche Übersetzungen oder Nachdichtungen. Die *Zustandbeschreibungen*, Sammlung von **82** Gedichten, bestehen aus Versen mit je fünf Zeichen im traditionellen chinesischen Zeichensystems.

Sartre, Jean-Paul (1905-1980): Existenzialist. Kommunist. Verehrer von Che Guevara. Setzte sich aber auch für Flüchtlinge aus dem kommunistischen Vietnam ein *(boat people)*.

S-21: Foltergefängnis der Roten Khmer mit einem Personal von knapp 2000 Leuten, geleitet von Kaing Guek Eav. Bloß sieben von mindestens 14000 Insassen überlebten es, einer von ihnen der Künstler Vann Nath.

Scholochow, Michail (1905-1984): Schriftsteller, überlebte seine kritischen Anmerkungen zu dem Umgang der lokalen Parteiführung mit der Hungersnot in der Ukraine 1933. 1941 Stalinpreis. 1955 Leninorden, 1960 Leninpreis. Sowie 1965 Nobelpreis für Literatur.

Spiegel: 1947 gegründetes linksetatistisches Nachrichtenmagazin.

Stalin, Joseph (1878-1953): Der große, geliebte & unsterbliche Sohn des georgischen Volkes. Retter russischen Vaterlandes. 1939 Hitler-Pakt inklusive Aufteilung Europas, mit der er zufrieden gewesen wäre, hätte Hitler nicht dummer≠ weise gemeint, die UdSSR überfallen zu müssen.

Sure: Kapitel im Koran.

Tao, *dào,* 道: Weg, Fluss, Methode, Sinn, Gesetz und Grund.

Tao Te King, 道德經, in der neueren Umschrift *Dàodéjīng*: Weg *(dáo)* zur *(jīng)* Moral *(dé).* Eine Spruchsammlung, die etwa im 4. oder 3. Jahrhundert v. u. Z. entstand. Sie wird dem legendären Autor Lao Tse (in neuer Umschrift: *Lǎozǐ*) zugeschrieben. Die **81** Abschnitte sind die Grundlegung — nicht aber einzige Quelle — des Taoismus (Daoismus). Es liegen seit 1870 rund hundert deutsche Übersetzungen vor. *Maodeking* etwa: Maoistische Moral.

taz: die tageszeitung, 1978 gegründetes Organ des grünalternativen Etatismus. Dass die Mitarbeiter Gehälter weit unterhalb dessen erhalten, was branchenüblich ist, beweist: Die Agitation für Mindest- & Tariflöhne bewirkt bei strikter Umsetzung eine Vereitelung alternativer Projekte.

Tenno: 天皇, japanischer Kaisertitel.

Thomas von Aquin (1224-1274): Der »Atheist« unter den katholischen Theologen, indem er die Gott den Menschen verliehene Vernunft zu deren alleiniger Richtschnur erklärt.

Tor des himmlischen Friedens, das Tian'anmen-Massaker: Am 3. und 4. Juni 1989 griff das chinesische Militär eine mehrwöchige friedliche Protestversammlung auf dem Platz des himmlischen Friedens in Peking an. Die Schätzung der Zahl der Opfer geht von mehreren hunderten bis zu einigen tausenden.

Tora, Torah, Thora: Jüdische Bibel. »Altes Testament«.

Trotzki, Leo (1879-1940): Blutiger Oberbefehlshaber der Roten Armee. Unterlag im Kampf um die Lenin-Nachfolge gegen Stalin. 1940 im Exil in Mexiko durch den Agenten von Stalin Ramón Mercader mit einem Eispickel ermaordet.

Tscheka: Außerordentliche allrussische Kommission zur Bekämpfung von Konterrevolution, Spekulation und Sabotage, der bewaffnete Arm der Diktatur des Proletariats. Geheimdienst und Staatssicherheit, 1918-1922. Vorläufer von Organisationen gleicher Aufgaben, jedoch anderer Namen.

Unamerican Activities: Bezeichnung für vom Mainstream abweichende politische Positionen in den USA während der 1950er Jahre.

Vann Nath (1946-2011): Kambodschanischer Künstler, gehört zu den wenigen Überlebenden des Foltergefängnisses S-21. Dort malte er buchstäblich um sein Leben, als er den Auftrag erhielt, ein Propagandagemälde von Pol Pot anzufertigen; Folter hat ihm das nicht erspart.

Vietcong: Nationale Front für die Befreiung Südvietnams. Was sich so alles Befreiung schimpfen darf. Es gibt ja gottlob kein Copyright auf den Begriff »Befreiung«. 1960-1977.

Whampoa: Legendäre chinesische Militärakademie, 1924 eröffnet. Leiter: Chiang Kai-shek, sowie 1926 Zhou Enlai als Vorsitzender des politischen Ausschusses. Nach dem Bruch zwischen Chiang Kai-shek und den Kommunisten 1927 standen sich beide in den miteinander verfeindeten Lagern an hervorgehobener Stelle gegenüber.

Wei Jingsheng: *1950, als 16jähriger Mitglied in den Roten Brigaden, durch Konfrontation mit den Folgen der Hungerkatastrophe während des »großen Sprungs nach vorn« Entfremdung vom Kommunismus. Systemkritische Aktivitäten; verschiedentlich verhaftet und verurteilt; 1997 auf Initiative von Bill Clinton freigelassen und in die USA abgeschoben.

Weltgeist: Hegels Wort für staatserhaltenden bürgerlichen Moralterror, den Marx zum Fortschritt erklärte.

Weiss, Peter (1916-1982): Auf dem linken Auge blinde, jedoch er&begreifende *Ermittlung* (1965) für eine *Ästhetik des Widerstandes* (1975, 1978, 1981).

Winnetou: Ist ja fast noch schwerer vorzustellen als Hitler, wenn auch angenehmer. Legendär sein Ausspruch: »Mao? Ist das nicht der, über den große Häuptling Kon Fu Zeh einst meinte >der, der dir das Fell über die Ohren zieht<.«

Wrangel, Pjotr (1878-1928): Wichtiger Militärführer der antikommunistischen Weißen Armee im russischen Bürgerkrieg, u. a. auch an antisemitischen Pogromen beteiligt.

Yang Lian, *Kon zen trinitarische Kreise.*

Zhou Enlai (1898-1976): Er gehört zu den wichtigsten und kontinuierlichsten Vertrauten von Mao, hatte sogar gewisse Fähigkeiten, Mao zu mäßigen (wenn das Wort in Bezug auf Mao überhaupt gebraucht werden kann-darf).

Zheng Danyi, *Chicken Wings des Sommers.*

Zitat: Für alle, die es noch nicht gemerkt haben, in meiner literarischen Bearbeitung geht es nicht um Wörtlichkeit, sondern Sinnlichkeit. Wem das nicht schmeckt, bitte nicht ärgern, sondern Seite 7 konsultieren & Ihre Unterschrift anstarren (wenn sie fehlt: *auch* selbstschuld) und sich an eins der zahl≠reichen dokument arischen oder »wissenschaftlichen« Werke zu den diversen angesprochenen Themen halten. Aber Achtung: Wissenschaftlesen ohne Selbstdenke kann zu Zuständen akuter Blödung verführen   (das fängt damit an, dass am Ende der Punkt fehlt; so oder so ähnlich)

Nach Redaktionsschluss: **KKK**, Ku-Klux-Klan. Er formierte sich in den im US-Bürgerkrieg (1861-65) geschlagenen Südstaaten Ende 1865. Zunächst eine regionale Verteidigungsorganisation, verschrieb sie sich dann dem patrierotis che n, rassistis che n & anti-kapitalistis che n Terrot (Brandgeist).